〝特性〟を知り、力を引き出すための40のヒント

女子選手のコーチング

メンタルトレーナー
八ツ橋賀子 著

体育とスポーツ出版社

はじめに

私はこれまで、いろいろなスポーツの現場に立ってきましたが、男性指導者が女子選手に指導する場合、〝伝えたいこと〟がきちんと伝わっているかというと、必ずしもそうではないと感じています。

もちろん、細かい部分まで含めて100％伝えるのはムリだとしても、指導者の伝えたいことが女子選手に〝違う意味〟でとらえられ、理解されたとしたら、パフォーマンスに影響を与える可能性も出てきます。

たとえば、選手のことを考えて行ったある言動が、男子選手には伝わるけれど女子選手には同じように伝わらないということがあります。また、男性指導者が何気なく言った言葉やちょっとしたしぐさが、女子選手にとっては大きな意味をもってしまうということもあります。

女子選手はなかなか本音を言うことがないといわれます。たしかにその傾向はありますが、それは決して考えていないのではなく、自分がどう思われるかを気にしたり、相手を傷つけてしまうのではないかと思いやるがゆえのことです。このことを指導者が知っているのといないのとでは、その後の指導や人間関係に少なからず影響を与えるはずです。

スポーツ現場における今日の深刻な問題として、男性指導者の執拗なボディタッチなどが女子選手を苦しめ、悩ませているということがあります。その行きすぎた先に、指導者がその立場を利用した性の強制が起きているのです。

女子選手は、いわゆるセクハラのような状況に置かれると、声を大にして訴えたら自分の選手生命さえも失われてしまうのではないかという恐怖感や、信頼していた指導者への失望から人間不信に陥ってしまうこともあります。その結果、表沙汰にはなっていない同様のできごとが起きていると考えられます。

本書は、実際に私が現場で体験してきたことを元に、女性特有の考え方や女子選手の特性・傾向について述べ、男性指導者が女子選手を指導するときのポイントや「こういう場合はこうしたらいい」という解決策についてまとめています。

女子選手と関わるすべての男性指導者の方にぜひとも読んでいただき、選手が力を発揮できるように日々のコーチングに活かしていただきたいと思います。

平成27年7月吉日　八ッ橋賀子

女子選手のコーチング　Contents

◉はじめに……2

第1章 選手とより良い関係をつくる

Lesson 1 つねに選手の立場に立ってものごとを考えるクセをつける……16
Ⓟコーチの考えや方法論の一方的押しつけは、選手の反発心をエスカレートさせる
Ⓘ〝教える立場〟と〝教わる立場〟を逆にして体験してみる

Lesson 2 信頼関係を築くには、チーム全員に対して同じように声掛けする……20
Ⓟ女子選手の〝平等〟に対する敏感さをつねに意識して行動する
Ⓘ約束、誕生日、食事など、信頼関係を築く機会はいろいろある

Lesson 3 何気なく本音を言うので、隠されているヒントを見逃さないようにする……24
Ⓟ言葉だけでなく、態度や表情、声などからシグナルを出しているので、それらに意識を傾ける
Ⓘ本音を言いやすくするための3つのコツをつかむ

Lesson 4
大切な話は、〝相手に直接言葉で伝える〟ことを習慣づける……28
Ⓟ女子選手には、「言葉で言わなくても態度でわかれ」は通用しないと思っていたほうがいい
Ⓘ試合前には、期待している気持ちをやさしい言葉で伝える

Lesson 5
〝身体〟に関する発言や行為には最大限の注意を払う……32
Ⓟ女子選手は、身体に関する発言とボディタッチに〝違和感〟を覚えることが多い
Ⓘ身体に関する発言をするときは、抽象的な表現を意識する

Lesson 6
女子選手の相談には〝じっくり話を聞く〟という姿勢を示す……36
Ⓟ選手が相談に来るときは、必ずしも解決策を求めているわけではない
Ⓘ選手が示すいろいろなサインを見逃さないようにする

Lesson 7
技術に関する指摘をするときは、〝女子選手の特性〟を十分に意識する……40
Ⓟ技術に関する指摘を〝技術＋人格の否定〟ととらえてしまうことがある
Ⓘほめて→指摘して→ほめるの三段階で対処し誤解を招かない

Lesson 8
ふだんから、選手の栄養状態やストレス度合いをチェックする …… 44
Ⓟダイエットやストレスを含めて、選手の体調管理についてきちんと把握している必要がある
①ストレス度合いを把握して、練習のなかで発散する

Lesson 9
突き放すよりも〝見守る指導〟のほうが良い結果に結びつく …… 48
Ⓟ選手には自己肯定感を感じさせながら、いつでもコーチが見守っていると意識させる
①いろいろな方法を使って「コーチが見ている」と思わせる

Lesson 10
コミュニケーション力の強化が、チーム力アップにダイレクトに結びつく …… 52
Ⓟコミュニケーションに対する考え方、実践のしかたが、チームの行く末を左右する
①〝視覚を閉ざしたトレーニング〟と〝コーチと選手の10分間対談〟

◉COLUMN❶ 会話のなかに〝ジョーク〟を入れるようにする …… 56

今日これから
食べに
行こうよ
わるいけど
ダイエット中だから
遠慮しとく
!

第2章 選手のやる気を高める

Lesson 11 欠点の指摘をするときは、選手のやる気を刺激するように工夫する……58
Ⓟ「○○を直したらもっと良くなる!」というプラスの発言で、選手のモチベーションアップを図る
Ⓘ 欠点を実演して見せると、改めるべき点がよくわかる

Lesson 12 コーチがお手本を示すより一緒に身体を動かすほうがモチベーションは上がる……62
Ⓟ 女子選手は自分が辛いときほど、それを共有したいという気持ちが強くなる
Ⓘ コーチが練習に参加すると、選手のモチベーションが上がる

Lesson 13 選手に「頑張ってない」という言葉を言ってはならない……66
Ⓟ「頑張ってない」と言われると、自分のすべてを否定されたと感じてしまうことがある
Ⓘ 自分の言いたいことを、選手が前向きになれるように伝える

Lesson 14
〝リスクから考える習慣〟をポジティブな方向にもっていくようにする……70
Ⓟ現実をきちんと踏まえたうえで、ポジティブ思考に変えていくと効果が上がる
①選手がネガティブに感じていることをコーチが先に言ってしまう

Lesson 15
控え選手の練習にも時間を割くと、全員のモチベーションが高まる……74
Ⓟコーチの〝レギュラーも控えも平等に見る眼〟を感じると、選手のやる気がアップする
①〝自分のテーマ〟を決めて練習すると、やる気がアップする

Lesson 16
コーチが尊重してくれると思うことで、予想以上の好結果が得られる……78
Ⓟコーチの「信頼し、大切に思っている」という気持ちが選手に伝わると、大きな力が生まれる
①選手が主体となった〝選手DAY〟をつくってみる

Lesson 17
チーム内の競争は〝女子選手の特性〟を利用して良い方向に導く……82
Ⓟ女子選手は団体での練習を好むので、個人対個人でなくチームを組んで競わせるようにする
①チーム分けをして、それぞれが別メニューに取り組む

Lesson 18
女子選手は、競技と同じくらい人間関係も重要だと考えている 86
Ⓟ人間関係の悩みは自分からは言いにくいので、コーチが気づく必要がある
Ⓘペアで行動させることで関係の修復を図る

Lesson 19
選手が痛みを訴えたら〝寄り添いの姿勢〟で接するようにする 90
Ⓟ痛みを抱えているときは、言葉をかけてもらうだけでも不安がやわらぎ、落ち着くことができる
Ⓘ選手の話をしっかり聞き、寄り添う姿勢を見せる

Lesson 20
試合前日には、コーチから選手へのメッセージを1人1人に伝える 94
Ⓟ女子選手は自分の立場を理解してくれている人からの〝後押し〟を望んでいる
Ⓘ試合前日、1人1人に〝1行メッセージ〟を手渡す

◉COLUMN❷ ファッションや道具に個性を見つけたらほめてあげる 98

コーチ…
背中が少し
痛むんです
この程度の
タイムで
何あまえ
てんの!!

第3章 選手に効果的な指導をする

Lesson 21 〝練習は質より量〟と考える傾向が強いので〝質〟の重要性も理解させる……100
Ⓟ 練習の〝量〟を求めて頑張りすぎることがあるので、状況に応じてコントロールする
① 意識改革のためにイメージトレーニングを利用する

Lesson 22 イメージがしやすい〝目に見える形〟での指導ができるように工夫する……104
Ⓟ 身振り手振りを使う、映像を用意するなど、選手が見える形を提供して具体的に指導する
① 〝コーチがやる！ 見せる！〟指導で具体的に教える

Lesson 23 〝繰り返すのが得意〟という特性を活かすと練習の効果が上がる……108
Ⓟ 安定を求める能力に長けているので、それを活かしつつ不安定な要素も配していく
① 得意なメニューの量を増やし、それによって質も高めていく

Lesson 24 計画を実行する能力が高いので、短期だけでなく長期の目標も重視する …… 112
Ⓟ目標に向かって進む能力にすぐれているので、短期目標だけでなく長期目標もつねに意識する
Ⓘ選手の夢を実現するために中期目標、短期目標を立てる

Lesson 25 話の本質を知りたいと考えるので、何についてもしっかりと説明をする …… 116
Ⓟ質問が多いのは、話の内容をきちんと理解したいためなので、丁寧な説明を心がける
Ⓘ五感を使い、主語を飛ばさず丁寧に説明する

Lesson 26 〝直すべきところ〟は必要以上に強調しないほうが好結果に結びつく …… 120
Ⓟ同じことを繰り返し指摘すると、マイナスイメージが強化されることがあるので注意する
Ⓘ直すべきところの指摘は〝1度だけ〟が効果を上げる

Lesson 27 ミーティングでは、ある程度自由に話し合ったほうが良い案が生まれやすい …… 124
Ⓟ〝雑談力〟を活かすために自由な環境をつくりつつ、テーマから外れないようにコントロールする
Ⓘ大人数でのミーティングは、班ごとに分けると意見が出やすい

Lesson 28 選手への注意や指摘は、状況によって個別にしたほうがいい場合もある …… 128
Ⓟ 選手の性格や注意する内容によっては、全員の前でなく1対1で話をするほうがいい場合もある
Ⓘ 仲のいい選手経由で注意を伝えるという方法もある

Lesson 29 責任感が強いので、何らかの役割を与えたほうが能力を発揮する …… 132
Ⓟ 役割をつくって責任意識とモチベーションを上げ、チーム力アップにつなげる
Ⓘ 全員に役割を与えて、週替わりでローテーションする

Lesson 30 本音を知りたいときは〝YESかNO〟で答えられる質問がいい場合がある …… 136
Ⓟ 抽象的な問いは苦手なところがあるので、状況を見ながら質問のしかたを工夫する
Ⓘ 本音と建前を考慮して、適切な選択肢を用意する

Lesson 31 グループをつくりやすくそのなかでの集団心理に流されやすいので注意する …… 140
Ⓟ 集団心理に流されることのないように、できる限り本音を言いやすい状況をつくる
Ⓘ グループのチェックを厳しくして、行きすぎた集団心理を防ぐ

Lesson 32
自分を過小評価して控えに回ろうとすることがあるので注意する……144
Ⓟ 試合に出ることを怖がる選手は、自信をつけることで成長させるしかない
ⓘ 自分自身の良いところを本人に発表させてみる

Lesson 33
体調の変化を察知し、それを気づかうことが精神的な助けになる……148
Ⓟ 生理など女性特有の体調変化があるので、指導には細心の注意を払う
ⓘ〝体調管理表〟で自分の体調変化の周期を把握する

◉ COLUMN ❸ 選手たちの帰宅を確認するまでがコーチの仕事と心得る……152

おめでとう!
レギュラー決定だ!!
よくがんばったな
ガーン
そ…そんな

第4章 知っておきたい！ 女子選手の傾向

第1章

選手とより良い関係をつくる

Coaching of the female athlete

❶ つねに選手の立場に立ってものごとを考えるクセをつける
❷ 信頼関係を築くには、チーム全員に対して同じように声掛けする
❸ 何気なく本音を言うので、隠されているヒントを見逃さないようにする
❹ 大切な話は、“相手に直接言葉で伝える”ことを習慣づける
❺ “身体”に関する発言や行為には最大限の注意を払う
❻ 女子選手の相談には“じっくり話を聞く”という姿勢を示す
❼ 技術に関する指摘をするときは、“女子選手の特性”を十分に意識する
❽ ふだんから、選手の栄養状態やストレス度合いをチェックする
❾ 突き放すよりも“見守る指導”のほうが良い結果に結びつく
❿ コミュニケーション力の強化が、チーム力アップにダイレクトに結びつく

[Lesson]
1

つねに選手の立場に立ってものごとを考えるクセをつける

POINT
コーチの考えや方法論の一方的押しつけは、選手の反発心をエスカレートさせる

考え方・やり方の一方的押しつけは思わぬ弊害《へいがい》を生む

選手たちに「コーチに対する要望はありますか?」という質問をすると、半数以上の確率で返ってくるのが「自分の考え方や方法論を一方的に押しつけるのではなく、時には選手の意見に対して聞く耳をもってほしい」という答えです。

女子選手は、同調しやすい傾向があるので、1人がそういう言葉を口にすると「そうだよね、やってられないよね。いつも文句ばかり言われている気がするし、コーチは私たちのこと好きじゃないと思う」と、仲間内に同調の輪がどんどん広がっていきます。そして、自分の発した言葉に仲間が同意してくれると、自分の言葉の正当性をますます強く信じ込むようになります。

時には、コーチが1人の選手に何らかの指摘をした場合、その一言を他選手全員が聞き耳を立てて聞いていて、過剰に反応するようになります。そうなると、〝コーチ1人VS女子選手全員〟という構図ができあがり、指導することが難しくなっていきます。

女子選手は、コーチの押しつけやごり押しに対する不満をあまり表には出しません。しかし、心のなかではつねに反発を感じていて、「いつも上からしかものを言わない。自分の考えばかりを押しつけようとするから嫌だ」という嫌悪感さえ抱いていることがあります。

コーチに対する反発心の“裏にある気持ち”を考える

この感情が高じてくると、立場的には当然コーチのほうが上であり、年齢、経験などを考えれば上下関係があってしかるべきだという当たり前のことさえわからなくなってきます。

何よりも残念なのは、選手が自身の抱く反発心のために冷静さを失ってしまい、コーチの言葉の真意や的を射たアドバイスにも素直に耳を傾けられなくなることです。これは、選手、コーチ、チーム全体にとって非常に大きな問題です。

コーチの側にも当然言い分はあると思いますが、次のことだけは覚えておいてください。それは、選手がコーチの態度に否定的な気持ちを抱いてしまうのは、コーチに対して「人間としてもっと尊重してほしい」「自分の気持ちを少しは理解してほしい」「競技を通じて同じ目標を共有しているのだから、きっとわかり合えるはずだ」という、いわば〝願いにも似た気持ち〟をもっているからこそだということです。

これについては、コーチ自身が学生のとき、クラブの担当教師に抱いた気持ちを思い起こしてみれば、実感として理解できるのではないでしょうか。

感情面の行き違いは、最初は小さくても時間の経過とともに大きなものとなっていきます。ぜひ一度、じっくりと考えてみてください。

こうしてみよう！

“教える立場”と“教わる立場”を逆にして体験してみる

自分の考え方や方法論を押しつけがちなコーチは、まず選手の立場を理解することが必要です。そのためには、自分が教わる立場になってみましょう。

コーチが苦手で選手が得意なこと、たとえば携帯の使い方やLINEについて教えてもらいます。自分が苦手なスマホの使い方や機能について教えてもらうとき、はたしてどんなことを感じるのか、教える立場から教わる立場になったとき、何を感じるかを体験します。

おそらく、うまくいかないことへのイライラ、説明を理解することの難しさなどを感じるはずです。

2つ目の方法は、コーチ自身が学生時代に競技をするなか、コーチにやられて嫌だったことを紙に書き出してみます。そして、そのときどう感じたのかを思い出してみます。

いまだに記憶に残っているということは、自分にとってかなりつらい経験だったはずなので、そのときのコーチの指導法や言い回しが、現在の自分のそれを見直すきっかけになります。

あのー
「写メ」とか
「ネットサーフィン」とか
教えてください
コーチ
それ時代が古すぎますって…

[Lesson]
2

信頼関係を築くにはチーム全員に対して同じように声掛けする

POINT
女子選手の"平等"に対する敏感さをつねに意識して行動する

チームの誰かが特別視されることを極端に嫌う

女子選手は、チーム内で優劣が生じて、コーチにランクづけされることを極端に嫌がります。これについては非常にナーバスで、「みんな平等でありたい」と思っています。

本心では、「自分が優位であるならいいが、みんなには自分よりも優位にならないでほしい」と考えている選手がいるかもしれませんが、コーチにはひいきすることなく全員を平等に見てほしいと強く願っています。

最近の女子選手の傾向として目につくのは、技術面でわからないことや教えてほしいことがある場合、みんなのいる前でコーチに聞くことはしないということです。それは、自分以外の選手の目が気になるからです。他の選手に、「コーチによく思われようとして聞きに行っている」「コーチに媚《こび》を売って試合に出させてもらおうとしている」などと見られるのではないかと考えるのです。

その結果、みんながいなくなったときを見計らって聞きに行くのですが、そのときたまたまその光景を目にして、「コーチに何を聞いているのだろう。もしかしたら抜け駆けかもしれない」ととらえる選手が出てきます。

また、逆にコーチがいつも特定の選手を呼び出して注意をしていた場合、「また怒られている」と感じながらも、「コーチはあの子を可愛がっているの

信頼関係の大前提は素直であること、正直であること

ではないか」と考えることもあります。

このように、女子選手の心理はたいへん複雑ですが、これを踏まえて信頼関係をつくるためには、選手にどう接していったらいいのでしょうか。まず練習中は、できる限り1人1人に話しかけたり、アドバイスすることを心がけます。声を掛ける選手と掛けない選手がいると、コーチは好き嫌いで判断していると思われかねないので、全員に対して同じように声掛けすることを意識します。

また、選手の〝変化〟にはつねに注意します。たとえば、いままではよく話をしていたのに、急に黙り込むようになったという場合、選手が示すサイン（体調不良、ストレス、悩みなどを抱えている）である可能性があります。

信頼関係は、当然のことながら1日で築くことはできません。1日1日の積み重ねでコツコツと築き上げていくしか方法はありません。

信頼関係を保つために大切なことは、〝素直であること〟〝正直であること〟で、これは絶対条件です。コーチは、時として選手に対して曖昧な表現を用いてごまかそうとすることがありますが、それは禁物。できないことであれば「できない」と素直にはっきり伝える必要があります。もちろん、ウソをつかない、ごまかしをしないことが大切なのは言うまでもありません。

こうしてみよう!

約束、誕生日、食事など信頼関係を築く機会はいろいろある

信頼関係を築くために〝約束〟が利用できます。チーム内に約束をつくって、全員でそれを守ります。約束は、「練習中はグチを言わない」など簡単なことでよく、内容よりも守ることを重視します。

ほかには、選手の誕生日に「誕生日おめでとう!」と声を掛ける方法があります。自分だけに声が掛けられることである種の満足感を得られるため、簡単ですが有効です。ある特定の選手に声を掛けるのは、「全員に対して平等に」ということと矛盾するようですが、誕生日は全員にあるものなので、不平等感は感じず納得できます。

もう1つは、食事の時間を共有することです。合宿以外で選手とコーチが一緒に食事をする機会はあまりないと思いますが、選手が未成年者であればお昼の時間、成人であれば夕食を一緒にします。

人は食事を通して心を許しやすくなるとも言われますし、時間を共有することにも意味があります。食事をすることでお互いの理解が深まり、誤解が解消されることもあります。

[Lesson]
3

何気なく本音を言うので隠されているヒントを見逃さないようにする

POINT 言葉だけでなく、態度や表情、声などからシグナルを出しているので、それらに意識を傾ける

女性特有の言い回しから本音をつかめるようにする

タイトルの〝何気なく本音を言う〟というところを見て、「本音を言うのだから、何気なくではなくはっきり言ったらいいのに」と思った人がいるかもしれません。

女子選手自身も「素直に本音が言えたらいいのに」と感じています。しかし、本音を言ったら傷つけてしまうかもしれないと相手のことを気づかったり、自分の立場を考えたりして、はっきりと言えない傾向があるのです。

あるソフトボールの大会でのことです。本番までの待ち時間に他チームの試合を見ていたところ、ある選手が「コーチ、あの選手は守備が上手じゃないですか?」と聞きました。それに対してコーチは「いや、そうでもないよ」と答えたのですが、そのとき選手は非常に複雑な表情をしました。

コーチはそれに気づきませんでしたが、私はその表情の意味がよくわかりました。女子選手からすると、「上手じゃないですか?」という言い方は、「上手ですよね!」というコーチに対して同意を求めるものだったのです。しかし、男性コーチはそのようにはとらえずに、自分の判断に基づいて「そうでもないよ」と答えました。つまり、選手の言葉の真意がコーチには伝わっていなかったわけです。

些細なことのようですが、ここには女性特有の言葉の言い回しに対する男

「はい」と言ったとしても本音がYESとは限らない

性と女性のとらえ方の差が出ているといえます。

　このことは、状況によっては重要性を増してきます。たとえば、女子選手がふだんの練習についてコーチに「練習メニューは◯◯したほうがより良いのではないでしょうか？」と言ったとします。この言葉はじつは「◯◯したいのです！」という本音を表しているのですが、そのようにとらえてくれる男性コーチはあまりいないでしょう。たいていは「別にこのままでいいだろう」とか「そうかな」という答えが返ってきます。

　このような気持ちの相違が続くと、選手が本音を言わなくなるのはもちろん、同意さえも求めなくなってきます。じつはこれは良くない兆候で、言いたいことを溜め込みすぎてあるとき一気に爆発したり、自分のことをわかってもらえないと感じて殻に閉じこもってしまう可能性があります。

　男性コーチにとっては難しいかもしれませんが、次のことを覚えておいてください。それは、大事なことを決める場合や、選手の本音が聞きたい状況で選手が「はい」と答えたとしても、女子選手の本音は「いいえ」である可能性があるということです。

　状況にもよりますが、「はい」と言ったとき表情が曇るような場合は、4：6（4がYES、6がNO）の意思表示ととらえたほうがいいでしょう。

こうしてみよう!

本音を言いやすくするための3つのコツをつかむ

ここでは、女子選手の本音を見極める、あるいは言わせるための具体的なコツを教えます。

1つ目は、「はい」「いいえ」のどちらかを答えさせる場合、コーチは両方の見解について選手に伝えることです。ふつうは、一方についてしかコメントしないものですが、中立であるために両方の見解を述べるようにします。

2つ目は、先に選手に意見を言わせてからコーチの意見を言うようにします。選手がコーチの意見に影響されて、本音を言いにくくなるのを防ぐためです。

3つ目は、本音をいいやすい環境をつくることです。そのためには、「自分の立場から言ってくれた意見だね。でも本音ではどう感じているのかな?」など、選手の気持ちを汲んで声を掛けるようにします。

この3つ以外にも、女子選手は本音を何気なくコーチに聞こえるように言ったり、態度や表情、声音などから信号を出したりしているので、それらを見逃さないようにします。

同じ笑顔でもメッセージは微妙にちがう…

[Lesson] 4

大切な話は、“相手に直接言葉で伝える”ことを習慣づける

POINT 女子選手には、「言葉で言わなくても態度でわかれ」は通用しないと思っていたほうがいい

「言わなくてもわかるだろ」では自分の本心は伝わらない

男性のコーチがよく言う言葉に「言わなくてもわかるだろ！」と「なんで同じことを何度も言わせるんだ」があります。時には「俺は言いたいことを態度で語っている」などと言う人もいますが、多くの選手は「大切なことは、きちんと言葉で伝えてほしい」と感じています。

男子選手の場合、長い時間を共にしていれば、言葉を使わなくてもある程度のことはわかるという考えがあるかもしれませんが、女子選手に関しては、「言葉という手段を使わないと、言いたいことは伝わらない」と考えておいたほうがいいでしょう。

多くの女性は、〝対面〟でのコミュニケーションを望みます。たとえば、友人や大切な人には電話やメールよりも直接会って顔を見ながら話したいと感じます。

また何か買い物をするときは、インターネットで手続きするよりも直接電話で確認しながら依頼したい、できれば直接店員と話をしながら商品を吟味したいと考えます。だからこそ、日本の社会では、接客業や会社の受付・窓口など、対人的な仕事の多くを女性が任されているのです。

私が経験したスポーツの現場では、女子選手とコーチのコミュニケーションが不足していると感じられるケースを少なからず目にしてきました。なか

面と向かって言葉を交わすことでお互いの意志が通じ合う

には、両者の間にほとんど会話がない状況で黙々と練習が続いていることもありました。

現在、このようなコミュニケーション不足のケースが増えているように思いますが、コーチが選手と直接話もせずにその気持ちや本音をわかり合おうとしてもムリがあります。

面と向かって言葉を交わす以外のコミュニケーション手段としては、メール、手紙、ジェスチャーなどがあります。よく言われることですが、メールは受け手によって書かれたことの感じ方、受け取り方が変わってきます。手紙は、伝えたいと思ったことが相手に届くまでに時間差があります。

相手に自分の気持ちや考えを理解してもらいたいときには、やはり伝えたいと思う本人と向き合って、相手にわかるような表現で直接言葉として伝えるべきです。

女子選手はつねにいろいろなことを確認したがりますが（116・156頁参照）、とくに〝意思の確認〟は重要です。男性のコーチのなかには、このあたりをうやむやにする人がいますが、言葉を通してお互いの意思確認をしなければ、チームの目標や方向性を共有することはできませんし、個々の選手のやる気を喚起させることもできません。

こうしてみよう！

試合前には、期待している気持ちをやさしい言葉で伝える

ここでは、試合前のやりとりに絞って考えてみます。現在40代以上のコーチの世代では、〝コーチが選手にかけるプレッシャー＝選手への期待〟という指導が主流でした。メンタルトレーニングなどない時代ですが、プレッシャーは選手への期待値であると考えられていました。

たとえば、コーチが「お前ならいけるだろ！」と言ったとしたら、選手はそれを自分への期待が込められた言葉だと感じていました。

しかし、いまの選手たちが同じように「お前ならいけるだろ！」と言われたとしたら、おそらく過度な期待としてプレッシャーを感じ、それが裏目に出る可能性があります。素直に「期待しているよ！」と言ったほうが良い結果を招くと考えたほうがいいでしょう。

また、試合前にかける言葉は、「いつも通りやればできるから」「緊張しないでいいよ」「試合では勝敗よりも自分の力を出し切ることを考えよう」など、命令口調でなくやさしい言い回しのほうが効果的です。

[Lesson]
5

“身体”に関する発言や行為には最大限の注意を払う

POINT
女子選手は、身体に関する発言とボディタッチに“違和感”を覚えることが多い

身体に関する何気ない発言が選手を傷つけることがある

女子選手は〝言葉〟に関する記憶力がすぐれているため、うっかりした発言や軽はずみな行動には気をつける必要があります。コーチが男子選手と女子選手に同じ言葉を使って指導をした場合でも、女子選手の受け止め方は男子選手と異なることがあるのです。

たとえば、コーチが女子選手に対して、「何だか最近、肩回りがしっかりしてきたね」とか「足腰が以前より太くなってきたんじゃないか」と言ったとします。もちろんコーチは良い意味で言っていますし、何気ない日常会話の1コマという認識です。

しかし女子選手にとって、言われた言葉の感じ方や意味合いはコーチが考えているものとは大きく違っています。多くの場合、「何でそんなところまで見ているのだろう。身体をじろじろ見られているようで嫌だな」「あぁ、太ったということか、ショック」などの悪い印象が残ります。

おそらく選手は、何事もなかったかのようにその場を笑ってやり過ごすでしょう。しかし、最終的にはその言葉に引っかかったり傷ついたりして、記憶のなかに残るのです。コーチがたまたま口にした言葉が、女子選手にとって一番言われたくない身体のことだったりすると、思った以上に尾を引くことがあるかもしれません。

身体にさわることは選手に“違和感”を抱かせる

選手それぞれの育ってきた環境にもよるので、女子選手全員が同じように感じるわけではありませんが、多くの選手が〝違和感〟を抱くのは事実です。それほどまでに、〝身体〟に関することには敏感なのです。

もう1つよく見かけるのは、コーチが選手に対して「最近、調子はどう?」などと声掛けをするとき、肩や頭に手を置くなど身体に軽くさわる光景です。

コーチの多くは何気ないコミュニケーション手段の1つに過ぎないと思っているのでしょうが、〝さわる〟という行為に対して女子選手が感じているのは、やはり〝違和感〟です。「ボディタッチしなくても挨拶は可能なはずなのに、どうしてさわるのか?」という疑問を感じるわけです。選手によっては「気持ちが悪い」と言い出すことさえあります。

「声掛け」と「ボディタッチ」の2つの例を示しましたが、コーチに悪気がなくてもこのような行為を続けていくと、選手は自分のパーソナルエリア(他人に近づかれると不快に感じる空間)内に無断で入られたという不快感や、もしかしたら性の対象として見られているのではないかという危惧を抱く可能性があります。

その結果、コーチとの間に必要以上に距離をとったり、余計な意識が芽生えて、練習や競技自体に影響が生じることもあるので注意が必要です。

こうしてみよう！

身体に関する発言をするときは抽象的な表現を意識する

たとえ親しみを込めた行為だったとしても、ボディタッチは控えたほうがいいでしょう。理由は前述したとおりです。その代わりのコミュニケーション手段として、ハイタッチ（手と手を合わせる）が考えられます。たとえば、コーチが「今日もがんばろう！」と言いながら手を出し、選手がそれにタッチします。

これは手と手を接触させていますが、コーチが自ら選手の身体にさわるのではなく、相手の意思によって誘導させているのでやりやすい方法です。

また、身体に関してほめたいときは、「足腰がしっかりしてきたね」という具体的な表現よりも、「前よりもスポーツ選手らしくなってきたね」などの抽象的な表現を用います。とくに、ふだん何気なく使っている「太い」「細い」「がっしり」「筋肉質」「たくましい」などの言葉は控えたほうがいいでしょう。

なお男子選手に対しては、「太ももにしっかりと筋肉がついてきたね」などのように、より具体的な言葉で伝えるのが効果的です。

[Lesson] 6

女子選手の相談には“じっくり話を聞く”という姿勢を示す

コーチ！
相談があるんですが・・・
よしっ ちょっとまて
いま「言わザルマスク」
するからな

POINT 選手が相談に来るときは、必ずしも解決策を求めているわけではない

話を聞いてもらうだけで“満足する”という場合もある

選手がコーチに、技術についての相談をすることはよくありますが、それに関して「コーチは言いたいことを全然わかってくれない」「聞きたいことがたくさんあるのに、コーチばかりが話していてイヤになる」という非難の声を聞くことがあります。

コーチとしては「問題点を早く解決してあげよう」と考えて、いろいろなアドバイスをするのだと思いますが、女子選手の場合、具体的な解決策を求めて相談するというより、いま現在の自分の状況をわかってほしい、自分の話を最後まで聞いてほしいと思っていることが間々《まま》あります。

極端にいうと、相談したことについて今後どうしたらいいのかはその次の話で、必ずしも解決策を求めているわけではない場合もあります。

女性のコーチであれば、このへんの感覚はおわかりいただけると思いますが、男性のコーチからしたら「なんだ、それは……」ということになるかもしれません。

女子選手が相談してきたら、〝じっくりと話を聞く〟という姿勢を示すことがポイントになります。話の端々で大きくうなずいたり、「それで」と話を促しながら聞くと、相手は話しやすくなります。また、コーチが自分の意見を伝えるときは、断定や強制はせず、あくまでもアドバイスに留めるようにし

「ちゃんと話を聞いてくれている」と思えるような態度を示す

ます。

本当に親身になって話を聞いていれば、コーチの気持ちは相手に伝わるものですが、選手が次のような態度を示した場合は要注意です。

◎最初は積極的に話していたのに、次第に黙るようになる
◎表情がだんだんと乏しくなる（無表情になる）
◎受け答えの言葉がきつくなる
◎「ああ、わかったわかった」という態度を示すようになる
◎投げやりになったり、聞き流すような態度をとるようになる

これらは、コーチの様子から「コーチは私の話を本気で聞く気がない」「コーチは自分のことを理解しようとしてくれない」と感じたときに現れることが多く、最悪の場合「この人は何を言ってもわかってくれないから、話すのをやめよう」と、コミュニケーションそのものを拒否することもあります。

こう述べてくると、女子選手の相談に対処するのはとてもたいへんなことのように思えますが、〝選手の話をよく聞き、その考えや思いを理解する〟ことは、コーチの仕事の基本中の基本です。ですから、当たり前のことを真摯《しんし》に実行すればいいのですが、その際、意識しておいたほうがいいことがあります。

こうしてみよう！

選手が示すいろいろなサインを見逃さないようにする

話をじっくり聞くといっても、ときには選手の話が要領を得ず、だらだらと続く場合や、選手の言いたいことが理解できない場合があります。

そんなときは、いきなり話を中断するような態度をとらず、「それはこういうこと？」と言って確認をします。また、選手が話の途中で「どうしたらいいのだろう」「わからない」などの言葉を使ったら、〝自分の話したいことはとりあえずここまで〟というサインであると考えていいでしょう。

ここで、選手にもコーチにも使える〝考え方の視野を広げるトレーニング〟を紹介します。

答えが1つでなく、2つ以上導き出せるような問題をつくります。たとえば、〝卵〟と聞いて、白い、料理以外で思いつくことを答えよ、という問いであれば、正解は〝ニワトリ〟〝ウズラ〟など複数考えられます。

このトレーニングは、ものの見方や考え方は決して1つでなく、さまざまな角度からとらえる必要があるということを理解するのに効果的です。

選手からのサイン
〈コーチ気づかい編〉
はなしちゃんときいてますか？
このへんでおわりにしませんか
つまらないギャグはもうたくさんです

[Lesson] 7

技術に関する指摘をするときは、“女子選手の特性”を十分に意識する

POINT 技術に関する指摘を“技術+人格の否定”ととらえてしまうことがある

“技術に関するダメ出し”プラス “人間としてのダメ出し”ととらえる

女子選手の特性として、「技術に関する指摘(注意)をされているにもかかわらず、自分の人格も一緒に否定されているように感じてしまう」ということがあります。

たとえば、練習中にコーチから「何度も同じことを言っているのに、どうしてお前はミスばかりするんだ!」と叱責されたAさんと、「動きが遅い!もっと速く考えながら動け!」と言われたBさんがいたとします。

Aさんは、「またミスをした。努力しているつもりだけれど、何度言われても同じことを繰り返してしまう私は、ダメな人間なんだ」と考えて落ち込みます。またBさんは、「いつも遅い遅いと言われてしまう。わざとしているわけではないけれど、きっと私は本当ににぶいんだ」と感じてしまいます。

男子選手の場合は、技術に関する指摘は、あくまでも技術が未熟なためにされるのだと考えますが、女子選手は、男子選手が感じることに加えて〝人格の否定〟としても受けとめてしまうのです。

ここで大事なのは、技術に関する指摘を人格否定に置き換えてとらえるのではなく、〝技術に関するダメ出し〟と〝人間としてのダメ出し〟のダブルでとらえてしまうということです。

では、なぜ女子選手は技術面の指摘と人格の否定を結びつけて考えてしま

“コーチとしての意見”だと選手に伝わるようにする

うのでしょうか。その大きな要因は、コーチの口調の激しさや高圧的な態度にあるように思います。

私自身、罵声《ばせい》を浴びせられたり、場合によっては手が出てくるような指導を受けたことがありますが、このやり方を続けられると、コーチがコーチの立場として言っていることなのか、1人の人間としての言葉なのかがわからなくなってきます。つまり、指導の一環としての言葉であれば、こちらもある程度冷静に対処することができるのですが、そうは思えないようなやり方で辛辣《しんらつ》な言葉を浴びせられると、冷静さを失ってその言葉を人格否定ととらえかねないということです。

人は、完璧な人間など存在しないとわかっていながら、無意識のうちに相手に完璧を求めてしまうことがあります。多くのコーチたちも、決して選手の人格を否定する気などなく、選手に期待し、完璧を求めてしまうがために、つい大声を出したり、高圧的な態度をとってしまうのだと思います。

しかし、だからといって選手が「人格を否定された」と感じてしまうような物言いをしていいということにはなりません。練習である程度厳しい言葉が行き交うのはしかたありませんが、「選手の人格を否定するつもりはない」ということが、相手に伝わるような態度を意識することが必要です。

こうしてみよう！

ほめて→指摘して→ほめるの三段階で対処し誤解を招かない

選手に〝人格の否定〞ととらえられないように、言い方を工夫したり気づかいすることが必要です。

コーチの多くは、「俺は……」、「僕は……」で話を始めますが、この言い方は控えましょう。

選手に話をするときには、「監督としては……」とか「コーチの意見としては……」という言葉で始めるようにします。これは、「これから指導のプロとしての意見を述べますよ」ということを意味しています。

また、〝ほめて〞→〝指摘して〞→〝ほめる〞の三段階で対処するのも効果的です。

①人格、人間性をほめる（例：いつも元気でいいぞ）→②技術面の指摘をする（例：パスを出すタイミングをもっと早く）→③技術面のいいところをほめる（例：いつも視野を広くもとうと努力していることを知っているぞ）という流れです。

最後の〝ほめる〞は、①のような人間性ではなく、あくまで技術的なことをほめます。そうすることで、わざとらしさをなくします。

トライする勇気はとてもいいぞ！
↓
ふみ込みが少し甘いけどな
↓
突破できると得点率上がるから何回もやってみろ！
ハイーッ!!

[Lesson]
8

ふだんから、選手の栄養状態やストレス度合いをチェックする

POINT

ダイエットやストレスを含めて、選手の体調管理についてきちんと把握している必要がある

身体をつくり、力を生み出す“食事”が競技成績をも左右する

現場で選手を見ている栄養士から次のような話を聞きました。

「最近の選手は自分の好きなものしか食べないので困っています。ケガや体調をくずした経験のある選手は食事の重要さに気づいて、身体をつくるもの、競技にとって必要なものとして考えてくれるのですが、それがわからない人は食生活が滅茶苦茶です」。

当然のことながら、人間にとって食事は不可欠なものです。とくにスポーツ選手にとっては、自分の資本となる身体をつくり、力を生み出す基となるわけですから、非常に重要であることはいうまでもありません。だからこそ、ある程度のレベルまでいくと、食事の管理を自分でできる選手とそうでない選手の差が、競技の成績となって現われてくるのです。

私の知っているある選手は、「食事によって自分の身体が動いているのだ」という意識がとても強く、自分自身のベスト体重を把握し、それを維持・管理して試合や練習に臨むことを心がけていました。そして、その姿勢が競技での最高のプレーにつながり、チームの中心選手になりました。

よく、スポーツで大切なのは〝心・技・体〟といわれますが、〝体〟がしっかりしていなかったら、〝心〟は乱れますし、〝技〟を発揮するべき戦いに参加することさえできないでしょう。

ストレスは拒食や過食に結びつく可能性がある

さて、その何よりも重要な〝食事＝栄養管理〟を危うくさせるものがあります。1つはいわゆるダイエットです。女子選手のなかには、美意識が強く、見た目を重視しすぎて過剰なダイエットに走る選手がいます。たとえば、朝食を抜いたり、ほとんど食べないで練習する、あるいは手軽なインスタントラーメンやお菓子などを食事代わりにしている選手です。

決して、インスタントラーメンやお菓子がダメというわけではありません。競技で力を出すために有効であるかどうかでなく、見た目を優先させて偏食し、逆に身体にムリをさせていることがいけないのです。

もう1つはストレスです。どんな人でも多少のストレスを抱えているものですが、スポーツ選手の場合、競技に関するストレスは深刻です。「努力しているのに成績が伸びない」「コーチが正当な評価をしてくれない」など、私の周りにもストレスを抱えている選手はたくさんいます。

なかには、競技に対するストレスから拒食や過食に走る選手もいますが、死に至るケースも出ており、意識改善が求められています。

選手の食事が栄養士の元できちんと管理されていればいいのですが、そうでない場合には、やはりコーチが選手の栄養状態やストレスについてできる限り把握している必要があります。

こうしてみよう！

ストレス度合いを把握して練習のなかで発散する

ここでは、選手の体調やプレーに影響を及ぼすストレスのチェック法と解消法を3つ紹介します。

①〝ストレス度合いチェック表〟で自分のストレスについて把握する

170頁の表で30項目をチェックして、自分のストレスがどの程度かを把握します。

②思いきり身体を動かす

ストレスが溜まってイライラするのを身体全体で発散させます。たとえば、球技の場合、通常は決められたスペースの内側でプレーしますが、それを無視してより大きなスペースで練習します。通常の競技範囲を越えて思いきり身体を動かすことがポイントです。

③練習の終わりに、練習中〝一番良かったこと〟を大声で発表する

1人1人順番に前に出て、練習中自分が一番良かったと思うことを大声で言います。ふだん内に秘めてしまいがちなことを外に向けて発散し、ストレスの軽減につなげます。

制限外すって
気持ちいいー
たまには
いいよねー

[Lesson]
9

突き放すよりも“見守る指導”のほうが良い結果に結びつく

POINT
選手には自己肯定感を感じさせながら、いつでもコーチが見守っていると意識させる

女子選手は、突き放されることを何よりも嫌う

〝自己肯定感〟という言葉をご存知でしょうか。自己肯定感とは、文字通り自分で自分を肯定している心の状態、感覚のことをいいます。

たとえば、「自分は自分らしくあればいい」とか「自分は大事な存在だ」などのように、自分自身を認めることができるということです。スポーツの現場では、この自己肯定感を選手に感じさせながら、それを活かすことが必要になります。

さて、コーチが女子選手に突き放す指導と見守る指導のどちらがいいかと尋ねたら、多くは見守る指導のほうがいいと答えるでしょう。突き放すというと〝チームの戦力外のような扱い〟や〝見捨てられた〟というイメージを抱きますが、見守るというと、〝認めてもらえている〟〝このままでいい〟という良いイメージをもちます。

私の経験では、女子選手はコーチから突き放されることを極端に嫌う傾向があります。たとえば、コーチが選手を何のアドバイスもすることなく突き放したとします。するとその選手は、「自分に興味がなくなったから突き放された」「見捨てられた」「放置された」と感じます。

実際は、コーチに何かしらの考えがあって、本当は見守っているのだけれど表面上は突き放す態度をとるということもあるのですが、女子選手は、多

つねに“自己肯定感”を感じられるような環境をつくる

くの場合取り残されたように感じてしまうのです。

それは、女性は言葉を使ってのコミュニケーションを好む傾向があるということや、会話を通して相手の気持ちを読み取ろうとするという特性からも言えることです。

女子選手は、コーチから突き放されない指導を求めますが、「自分を見てもらえている」「自分を認めてくれる人がいる」という安心感をつねに得たいと思っていて、それを直接肌で感じたいのです。

そして、自分が見守られていることがわかると、「もっと頑張ろう！」というエネルギーがわいてきて、競技に対する向上心がより強くなり、さらに自分で自分を認めることができ、自己肯定感を高められるようになります。女子選手には、つねにコーチが見ているなかで「自由にやらせてほしい、やってみたい」という思いがあるのです。

これまで、〝見守る指導〟について述べてきましたが、決して〝突き放す指導〟が悪いということではありません。ただ、自己肯定感がない状態で突き放すと消極的になり、すべてをネガティブに考えるようになる可能性があります。自信をなくして、時には極端な自己否定に走りかねないので十分注意してください。

こうしてみよう!

いろいろな方法を使って「コーチが見ている」と思わせる

選手に「いつも見守っているぞ」ということを伝えるための方法を紹介します。これまで、〝女子選手には言葉で伝える〟ということを強調してきましたが、ここでは〝コーチの存在(姿勢)〟というところが重要なので、あえて言葉でない方法を提案します。

1つは、コーチがメモをとるという方法です。選手1人1人の動きを見ながら、ノートなどにメモをします。選手はその様子を意識し、自分のことを見てくれているのだと感じます。

メモをとるという簡単でわかりやすい方法ですが、選手にとっては大きな意味をもっています。メモの内容は、〝選手の良いところと悪いところ〟などがいいでしょう。

もう1つは、コーチの立ち位置の工夫です。コーチは、いつも決まった場所で練習を見ていることが多いのですが、それを変えてみます。たとえば、いつも居る場所から対角線上に移動したり、2、3か所を動き回ってみるのです。こうすることで、選手はコーチに見られているということを強く意識します。

[Lesson]
10

コミュニケーション力の強化がチーム力アップにダイレクトに結びつく

POINT
コミュニケーションに対する考え方、実践のしかたが、チームの行く末を左右する

コーチも含めたチーム全員のコミュニケーションが必要

コーチの多くが「チーム力アップのためにもコミュニケーションは重要だ」と言いますが、その場合、たいていは〝選手同士が密に行うべきである〟という意味で言っています。

もちろん、この言葉はそのとおりですが、選手だけでなくコーチと選手のコミュニケーションも同じくらい重要です。なぜなら、コーチの意図することを正確に理解できなければ、選手は動けないからです。

私は以前、優勝経験のあるチームの選手に質問したことがあります。

「選手から見て、自分たちのチームはどんなチームだったと思う？　私から見たら、コーチが選手のことを真剣に考えているのがわかるし、選手たちもコーチを信頼しているのがわかる。和気あいあいとした、とても雰囲気のいいチームだと思えたけれど、実際はどう感じていた？」。

すると、選手は「そうですね。コーチは私たちのことを理解してくれていたと感じます。試合中には選手どうしでほめ合ったり、冗談を言い合えたりしたし、冗談めかしてでもコーチに良いことを言われるとうれしかった」と答えました。

また、別の選手も「選手どうしで仲間を認め合い、ほめ合って良い雰囲気をつくり上げていた」と言い、「コーチは自分たちの1つ1つのプレーに対し

コミュニケーションの真の意味をきちんと考え直してみる

て、ミスがあってもいちいち細かく注意するのではなく、良いところを見てほめてくれて、そのあとに結果を判断してくれた」と言いました。

ここで重要なのは、結果が良かったからほめるのではなく、良いところは良いところとしてきちんと評価し、結果はついてくるものとしてとらえる、という考え方です。

多くのコーチが「スポーツは結果がすべてだ」と言いますが、結果にだけ固執した指導では、選手を正当に評価することはできません。

選手たちの意見を聞いていて、私は「このチームが優勝できた要因は強固なチーム力であり、それを実現できたのは、コミュニケーションの重要さをコーチも選手も実感として理解していたからだ」と感じました。

コミュニケーションとは、ただ単に言葉を交わすことではありません。意思の疎通が行われたり、気持ちが通じ合ったりして、みんなが理解し合うことがコミュニケーションの意味だと考えれば、それができないチームが強くなるはずはありません。

コミュニケーションを良くすることがチーム力アップに結びつくのだということ、コミュニケーションは選手、コーチ全員が積み上げていくものだということをもう一度考え直してみてください。

こうしてみよう！

“視覚を閉ざしたトレーニング”と“コーチと選手の10分間対談”

コミュニケーションを深める方法の1つに〝視覚を閉ざしたトレーニング〟があります。

イラストのように、6人1組でチームをつくり(コーチも混じる)、そのうちの1人が目隠しをして仲間たちの声だけを頼りにカラーコーンをクリアしていきます。チーム対抗にしてタイムを競うと盛り上がるでしょう。

カラーコーンは、敵チームが自由に置き(目隠ししている人には見せないようにする)、中間にいる誘導係りは目隠ししている人に触ってはいけません。

もう1つは、〝コーチと選手の10分間対談〟です。これは、コーチが記者役、選手は選手役という設定で、競技以外の話題に限定して日常会話をします。

役を与えることで、選手に本音の会話をできるようにするのが目的ですが、悩むと競技以外に意識が行きがちな女子選手にとって、コーチと話ができる時間は貴重です。

コーチにとっても選手を理解するために有効な手段です。毎日10分、全員に対して続けていきます。

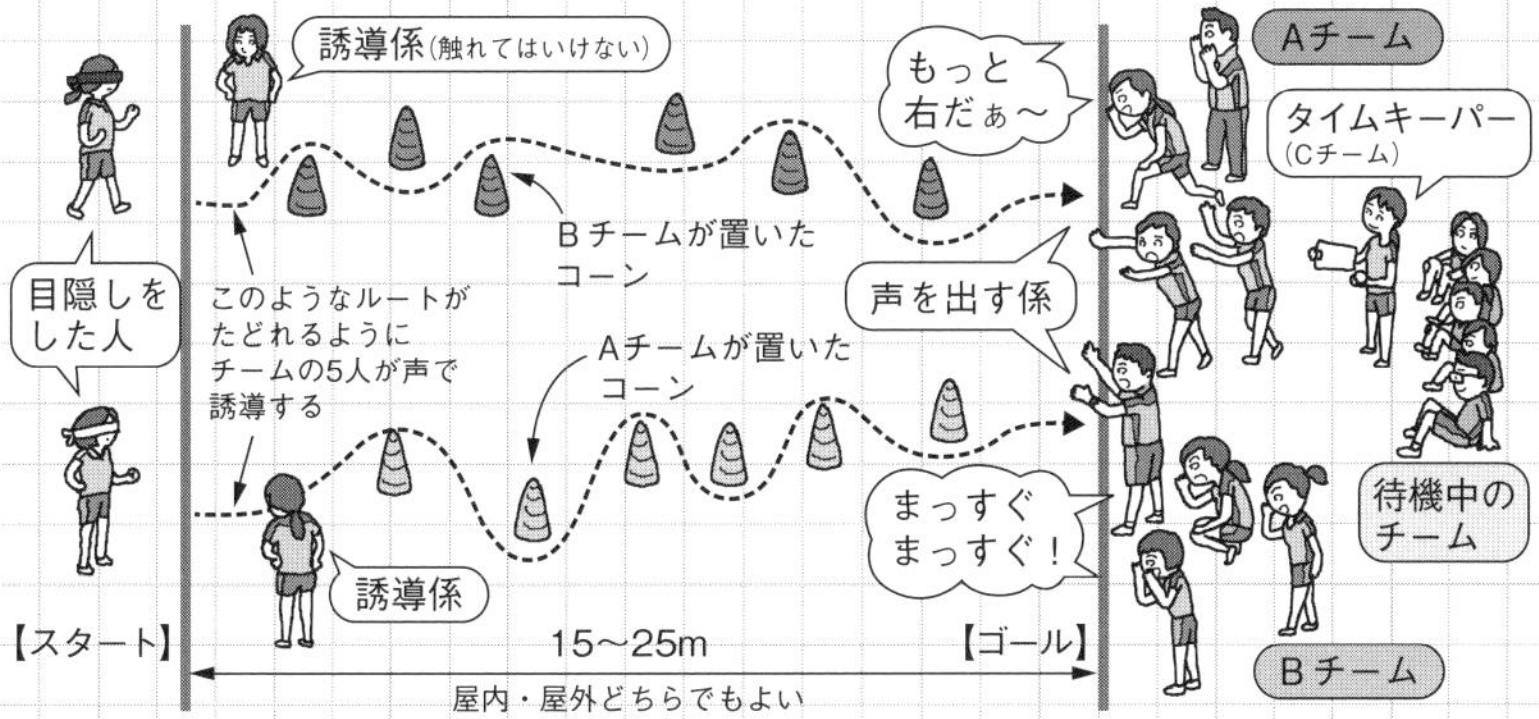
誘導係(触れてはいけない)
もっと右だぁ～
Aチーム
タイムキーパー(Cチーム)
Bチームが置いたコーン
目隠しをした人
このようなルートがたどれるようにチームの5人が声で誘導する
声を出す係
Aチームが置いたコーン
待機中のチーム
まっすぐまっすぐ！
誘導係
【スタート】
15～25m
【ゴール】
Bチーム
屋内・屋外どちらでもよい

COLUMN・1

会話のなかに“ジョーク”を入れるようにする

私の知り合いのあるコーチは、食事や休憩のときの選手との会話に“ジョークやギャグをふんだんに入れる”ことを心がけています。そのセンスはともかく、ある一定の効果を上げているのはたしかです。

というのは、選手たちが「コーチは練習のときは厳しいけれど、それ以外のときはぱっとしないジョークやおやじギャグで周りを凍りつかせるものの、とても優しい感じなんですよ」という反応を示しているからです。「凍りつく」「ギャグをやめてほしい」と言いながらも、本気で嫌がっているところはなく、選手はどこか楽しそうな様子です。

その光景を見ていて私は、コーチの意図がきちんと選手たちに伝わっているのだと感じました。意図とは、笑いを通して選手たちと少しでも深くコミュニケーションをとりたいというコーチの思いのことです。

コーチと選手の間には少なからず年齢差があるでしょうし、人によって笑いの尺度も異なっているものですが、“笑いをもたらす会話”が強力なコミュニケーション法の1つであることはたしかです。

みなさんは意外に思うかもしれませんが、私は男性よりも女性のほうがユーモアのセンスがすぐれていると思っています。少なくとも、女性のほうが気質的に笑いを受け入れやすいように感じています。

ふだんあまり冗談を言わない人に、いきなり「ジョークを言って選手を笑わせろ」と言っても難しいかもしれませんが、女子選手にはそれを受け入れる素地があるということを知ってほしいと思います。

たとえジョークがつまらなかったとしても、練習のときのピリピリした雰囲気と、それ以外のときの笑いがあふれる空間とのギャップを通して、選手たちはコーチに対して自然に親しみを感じるようになるはずです。このようなことは、大切だと思います。

第2章

選手のやる気を高める

Coaching of the female athlete

[Lesson] 11

欠点の指摘をするときは選手のやる気を刺激するように工夫する

POINT

「○○を直したらもっと良くなる!」というプラスの発言で、選手のモチベーションアップを図る

指導のしかたによっては、選手の顔つきさえ変える可能性がある

コーチが選手の欠点を指摘するというと、すぐに〝怒る〟〝叱る〟〝どなる〟などのマイナスイメージがわいてきますが、プラスのイメージをもった指摘のしかたも当然考えられます。

日本では、できない部分に焦点を当てる減点法という評価法が多く用いられてきましたが、反対にできた部分に焦点を当てる加点法という評価方法もあります。

私が経験した現場では、約9割の指導者が減点法を用いていました。あるとき、1人の女子選手が私のところに来て、仲間の選手についてこんなことを言いました。

「あの子、最近コーチに怒られてばかりで、ひどいときには練習も途中でやめさせられて、すごく表情が暗いんです。前は本当に明るくて元気な子だったのに、顔つきが変わってしまいました」。

私の見解では、コーチと接触しているときだけ表情が暗く、みんなと話すときは本来の明るさを取り戻しているように感じていましたが、毎日すぐそばで接している仲間は、表情ではなく〝顔そのもの〟が変わってきたというのです。

私はその意味の深さを知り、驚きと深刻さを痛感しました。コーチの指導、

選手のモチベーションが上がる欠点の指摘法もある

あるいは欠点の指摘のしかたによって、成績が落ちるだけでなく、表情や顔さえも変えてしまうことがある。コーチのみなさんには、このことを重く受け止めていただきたいと思います。

人は誰でも欠点を指摘されるのは嫌なものです。では、ここに「自分の欠点をどんどん指摘してほしい」という選手がいたとしたらどうでしょう。

その発言ができるのは、指摘されたことをきちんと理解することができ、自分をもっと高めていきたいという向上心を高く保っていられるからです。つまり、欠点の指摘を、自分にとってプラスのこととしてとらえられているからです。

このような心理状態は、少なくとも毎日毎日罵声を浴びせられるような環境からは生まれてきません。

「お前の欠点は××だと、何度言ったらわかるんだ!」ではなく、「○○を直したらもっと良くなる!」というプラス方向に導くような指摘のしかたをすることで、選手は自分の欠点を理解し、それを克服しようとモチベーションを高めることができるのです。

そのベースに、コーチと選手の信頼関係が存在することは言うまでもありません。

こうしてみよう!

欠点を実演して見せると改めるべき点がよくわかる

選手のやる気を刺激する方法を2つ紹介します。まず、コーチが選手の欠点を再現する方法です。自分の姿を目の当たりにすることで欠点に気づかせます。

たとえば、感情的になりやすく、プレーが雑になっている選手の様子をコーチが真似て見せます。たぶん、その選手は恥ずかしさを感じ、反省するはずです。

もう1つは、全員でほめる方法です。仲間がミスした場合やマイナスの結果をもたらした場合であっても、その選手のプラスの部分を見つけて全員でほめます。

たとえば、ソフトボールで内野ゴロをダッシュして捕ろうとした結果、ミスした場合。ミスを責めるのではなく、「突っ込まなければアウトにできなかったからいまのでOK。これからも積極的にいこう!」と言ってほめます。結果ではなく、過程をほめるのです。

これを週単位、月単位(1日でもよい)で続けると、選手の心理は、戸惑い→慣れ→気持ちのたるみ→物足りなさ→不安→怒られたい気持ちと変化していき、最後には欠点を自らが分析するようになります。

[Lesson]
12

コーチがお手本を示すより一緒に身体を動かすほうがモチベーションは上がる

オーイ みんなどうした？
次はランニングだろ
コーチが
いっしょじゃないと
つまんないんデース♡
COACH

POINT 女子選手は自分が辛いときほど、それを共有したいという気持ちが強くなる

指示を出すだけで、身体を動かさないコーチは意外と多い

私は学生のときから疑問に思っていることがあります。それは、練習の間中ただ指示を出すだけで、決して選手と一緒に身体を動かそうとしないコーチについてです。

スポーツの現場では、〝指示は与えるけれど、身体は動かさない〟コーチが数多く見受けられます。たとえば、水泳の指導であれば、自分はプールサイドに立っているだけで、水のなかに入ることはほとんどない。陸上でも、選手に走らせて、自分はその場で見ているだけ、あるいはイスに座って眺めているだけで、選手と一緒に汗を流すことはない、というケースです。

私は、このように指示だけを与えて、自分はその場でじっとしているコーチを見るたびに、「どうして選手と一緒に身体を動かそうとしないのだろう」という疑問を感じてきました。

おそらく、そのようなコーチは「自分は指揮官なのだから、つねに選手全員を見ていなくてはならない」と言うでしょう。また、「選手は選手、コーチはコーチ。一緒に動く必要はないし、そもそも選手が頑張ればいいじゃないか」という考えの人もいるでしょう。

たしかにそういう一面もあるとは思いますが、選手にとっては理解しがたいところもあり、全員が納得するのは難しいと思います。

コーチが選手と一緒に動くと選手の“気持ち”が変化する

実際、現場では「コーチもチームの一員であるはずなのに、なぜ見ているだけなのか」「どうして、ときには自分たちと一緒に走ったりしないのか」「身体を動かさないから練習の辛さがわからないのではないか」という声をよく耳にします。

女子選手のモチベーションは、つねに一定ではなく、場合によっては感情に左右されることもあります。時には、自分に対する苛立ちを感じることもありますし、時には、コーチに対する反感を覚えることもあります。

とくに練習がきついときには、自分が頑張らなければいけないことを理解しつつ、「練習がきつくて自分が辛いのはコーチのせいだ」と考えることもあります。

そんなとき、コーチが選手と一緒に汗を流しながら練習に参加すると、選手のイライラや不満を緩和させることができます。なぜなら、女子選手は、自分が辛いと思うときほどそれを共有したいという気持ちが強く、辛い経験をともにすることで共通の意識が芽生えるからです。

選手には指示を出すだけで、自分は動こうとしないという指導を続けていると、コーチに対して不信感を抱いたり、チームの連帯感を損なう要因になる可能性があるので注意が必要です。

こうしてみよう！

コーチが練習に参加すると選手のモチベーションが上がる

選手のモチベーションを上げるために、苦手なことを一緒にしてみます。簡単なことでもいいのですが、あえて女子選手が苦手とすることを一緒に行います。たとえば、ランニング、ストレッチ、ボール拾いなどです。

最初はコーチである自分がやることに抵抗があるかもしれませんが、前述したように、女子選手は辛い状況を共有すると、それを経験した者どうし共通の意識を感じるようになります。

もう1つは、積極的に選手のアシスト役になる方法です。たとえば、サッカーならばコーチも練習に参加して走る、あるいはゴールキーパー役をやるなどです。小学校の体育の授業のとき、ドッジボールに先生が参加すると盛りあがったのと同じで、いつも見ているだけのコーチが入ると、ふだんとは違う感覚で練習ができ、モチベーションに変化が見られるようになります。

この2つは、考えてみれば当たり前かつ簡単なことですが、そういうものこそ、女子選手のモチベーションアップには必要なのです。

[Lesson] 13

選手に「頑張ってない」という言葉を言ってはならない

ゼッタイ忘れない
一生うらんでやる!!
SHI

POINT

「頑張ってない」と言われると、自分のすべてを否定されたと感じてしまうことがある

「頑張ってない」は想像以上のダメージを与える

コーチが選手に対して「頑張ってない」という言葉を使うことがありますが、女子選手の場合、この言葉を浴びせられたときの心理状態は複雑です。「頑張ってない」は、気持ちに大きな影響を与える言葉なのです。

私が知っているあるクラブでのできごとです。練習を終えた選手が不満と憤りを露《あら》わにしていたので、「どうしたの？　何かあったの？」と尋ねました。すると、「コーチに『おまえは頑張ってない！』と言われた。精一杯頑張っているのに、何で『頑張ってない』なんて言うんだろうと思うと悔しくて……。コーチは私の何をわかっているの！　と言いたい」という答えが返ってきました。

女子選手は、「頑張ってない」と言われると、多くの場合「自分のことを何もわかってもらえない」「自分のすべてを否定された」と受け取ります。そして、「頑張ってない」と言われ続けると、これまで楽しかった練習が次第に苦痛になり、やがて自信を失うことになります。

女子選手の場合、体調の変化にともなって気持ちの浮き沈みがあり、どうしても身体が動かないこともあります。そんな様子をたまたまチェックされて「頑張ってない」と言われたとしたら、選手のダメージは相当なものでしょう。

コーチはあまり意識していないかもしれませんが、コーチから受けた言葉

わざわざ「頑張ってない」という言葉を使う必要はない

に対する心の傷は、必ずといっていいほど記憶に残ります。時には何年、何十年という単位で残るのです。選手の可能性を引き出すのがコーチの仕事のはずですが、これではやっていることが逆効果になってしまいます。

私自身も、頑張っているのに「頑張ってない」と言われて悩んだ経験があります。そのとき、コーチからは「それは自分を基準とした頑張りであって、甘やかしているのではないか」と言われました。自分にできる限界までやっているのに、それを理解してもらえないことがショックでした。そして、同じ意味のことを言うにしても、「頑張ってない」という言葉を使う必要はないのではないかと感じました。

よく「期待を込めてそう言っているのだ」というコーチがいますが、であるとしたら、なおさら別の伝え方があるはずです。女子選手は〝言葉〟に敏感なので、相手が自分に気をつかって言ってくれたかどうかはすぐに感じ取ります。そして、そう感じられたとしたら、コーチの思いに応えようとします。

すべてを理解してくれなくてもいいけれど、少なくとも〝いまの自分〟のことはわかってほしい。これが選手の本音です。それに対して「頑張ってない」と言われてしまうと、選手としては「私は理解されていない。誤解されている」という感覚に陥ってしまうのです。

こうしてみよう！

自分の言いたいことを、選手が前向きになれるように伝える

女子選手に対しては、「頑張ってない」という言葉は使わず、それに代わる表現を用いるようにします。

たとえば、「本当の○○（名前）はできるはずだぞ！」「苦しいけれどここが踏ん張りどころだ」「力を出すには□□を直すといいよ」など、選手が前向きになれる言い回しです。

また、あえていいところしか言わないようにして、「今日はしっかりできているぞ！」「そうだ、その調子だ」など、プラスの方向に導く工夫をします。

そして、励ますだけでなく、改善ポイントも明確に伝えるようにします。

もう1つ、コーチが「頑張ってない」と感じる部分を、言葉ではなく目で見える形にして示す方法があります。

たとえば、競技がタイムを競うものであるなら、まずタイムを計って現在の自分の状態をきちんと自覚させます。

そのうえで、必要に応じて過去の自分の記録や他の選手のデータを見せるようにします。

[Lesson]
14

“リスクから考える習慣”をポジティブな方向にもっていくようにする

コーチ！
私もう限界です
何か心がはずむようなこととか
しゃべってもらえませんか
……
えっ
今なんて？

POINT
現実をきちんと踏まえたうえで、ポジティブ思考に変えていくと効果が上がる

女子選手は、ものごとのリスクから考える傾向がある

私が知っているある女子選手は、コーチに自分が思っているよりもはるかに低い評価しかしてもらえず、ほめられることを他人に求め続けていました。

本来、コーチに長所も評価してもらえれば自分自身を認めることができるのですが、「コーチは自分を評価してくれない」と感じているがために自分を肯定する習慣を失ってしまい、人に依存するようになってしまったのです。

この状態を続けていくと、元々もっている持ち味(強み)が失われるだけでなく、自己肯定することがないために不安に襲われ、ますます自分を失っていくことになります。

そうならないためには、自分で自分をほめる習慣をつけることが重要です。ネガティブ思考で固まってしまった選手の心をポジティブな方向にもっていけるように、コーチが導いていく必要があるのです。

〝過小評価〟の習慣化と同様、女子選手はものごとの〝リスク〟を真先に考えようとする傾向があります。全体よりもまずはリスクについて考え、そのあとに全体を把握しようとするのです。意識がつねにものごとの欠点にいきがちであるため、なかば無意識のうちにリスクから考えるようになるのですが、この思考回路が習慣化しています。これをポジティブな方向にもっていくためには、前述した選手と同様その習慣を改める必要があります。

現実を見つめつつ良いところは自己肯定する

そのためには、選手に対して「(現実の)リスクはこうだ」とリスク(＝ネガティブなこと)を伝えたうえでポジティブな方向にもっていくことが必要です。ポイントは、〝ポジティブからネガティブ〟ではなく、〝ネガティブからポジティブ〟へという点です。ここでいうネガティブとは現実的なリスクであり、ポジティブとは肯定的な要素です。

前述したように女子選手はものごとをリスクから考える傾向がありますが、このリスクをきちんと踏まえたうえでポジティブな方向にもっていきます。この部分を飛ばしてしまうと、根本的な解決はできません。

最近私が感じるのは、「自分自身の力に自信がある?」という私の問いかけに対して、「自信があります」と言える選手が非常に少ないということです。自分の悪いところにとっさに意識がいってしまうのと、いまひとつ自分を認めきれないことが要因だと考えられますが、練習や試合の結果を踏まえて「まだまだ自分は上手くないから認めたくない」という気持ちも強いようです。

現実を見つめることはもちろん必要ですが、良いところがあるのなら自分で自分をほめることも重要です。少なくとも全面否定はタブーです。結果に一喜一憂しすぎることなく、「自分はできるのだ」というポジティブな方向に変えていきたいものです。

こうしてみよう!

選手がネガティブに感じていることをコーチが先に言ってしまう

選手をポジティブな状態にもっていくためには、選手がネガティブに感じていることをコーチが先に言ってしまうのが有効です。たとえば「サーブ苦手そうだね」と、選手の思っていることを先取りして言います。すると選手は「はい」と答えます。このままでは不安しか残らないので、次のような会話にもっていきます。

コーチ「君は一流の選手だよね」
選　手「いいえ、一流ではありません」
コーチ「じゃあ、二流の選手だね」
選　手「いいえ二流ではありません。私は○○な選手です」
↓否定から肯定

ここで重要なのは、最終的に選手に本音を言わせて、「否定」→「肯定」という流れを引き出すことです。

もう1つは、ネガティブになってしまう理由を書かせて、不安を取り除く方法です。ただただ不安でネガティブになっていることが多いので、それを話しながら1つ1つ取り除いていくことで、〝ネガティブからポジティブ〟へもっていけるのです。

「君は勝てないと思ってるよね」

「はい…」

「じゃあ負けるために練習してきたのかな?」

「ちがいます」

「じゃあ、どんな練習してきたの?」

「強くなるための練習です」

[Lesson]
15

控え選手の練習にも時間を割《さ》くと、全員のモチベーションが高まる

POINT
コーチの“レギュラーも控えも平等に見る眼”を感じると、選手のやる気がアップする

チームをレベル別に分けたら指導のしかたや時間に注意する

ある程度強いクラブや部員数が多いチームの場合、チーム内をレベル別にいくつかのグループに分けているケースがあります。

コーチの思惑としては、個々の選手のレベルを明確にして闘争心をあおり、1人1人のレベルアップとともにチーム全体のボトムアップ（底上げ）も図りたいということでしょう。それ自体はいいのですが、問題は指導のしかたも練習にかける時間も、レベルが高いグループを優先しがちになるということです。

これに対してレベルの低いグループの選手は、「たとえ控え選手であっても、練習には同じように時間を割いてほしい」と感じます。レギュラー選手や強化選手だけでなく、「控えの選手だってコーチには大切にしてもらいたい」という願いがあるのです。

女子選手は平等を好むため（20頁参照）、〝不平等〟に対しては敏感に反応しますが、女子選手とコーチの間に生じているこの感覚のずれは、練習に対する目的意識の差であると言えるでしょう。

私が現場にいたある球技チームでは、レベル分けをして、レギュラーメンバー（ある程度固定）をAチーム、サブメンバーをBチームとして練習していました。Bチームは、Aチームから「Bチームと戦っても弱すぎて面白くな

レベル分けをしても、“選手の可能性を見出す眼”をもち続ける

いし、練習にならない」と言われることもあり、そのときのBチームの選手の表情には悔しさよりも〝悲しさ〟が強く浮かんでいました。そんな屈辱を味わっても、Bチームの全員があきらめていたわけではなく、反骨心をもって努力を続けてBチームからAチームへ昇格する選手もいました。

そのような様子を見ていて感じたのは、チームを分けるのはいいとしても、コーチの期待感や指導のしかた、時間の割き方などがあまりにも高いレベルのグループに偏ってしまうのは考えものだということです。その状態が長く続くと、当然選手には〝妬む〟気持ちがわいてきますし、チーム内のレベルの格差が広がっていきます。

言うまでもないことですが、コーチは選手の潜在的な能力を見抜くことも必要です。ときにはレギュラーメンバーを固定せずに危機感を感じさせることも必要ですし、控え選手に「自分にもチャンスがある」と希望を与えることも必要です。つまり、選手の可能性を見出すという視点も大切なのです。

選手がコーチのなかに〝選手全員を平等に見る眼〟を感じると、公平を重視する女子選手の場合、レギュラーであるかどうかは関係なく選手全員のモチベーションが上がってきます。これは、「チーム全員が公平なコーチのもとにある」と思えることが、良い方向に作用するからです。

こうしてみよう!

“自分のテーマ”を決めて練習すると、やる気がアップする

モチベーションアップのためには、選手1人1人に“今日の自分のテーマ”を決めさせるのが有効です。

たとえば、腕を大きく使う、初動を早くするなど。テーマがなくただ練習に励んでも、単なる流れ作業になりますが、テーマがしっかりしていれば練習は試合につながり、できることはさらに伸ばし、できないことはできるようにするための有意義な時間になります。

また、テーマが決まっていれば、チーム内のレベル分けを意識しすぎることなく、AチームでもBチームでも自分のやるべきことは同じだと考えられます。

もう1つは、各グループの指導時間を計り、下位グループに時間を割く方法です。仮にAチームが5〜10分だとしたら、Bチームには倍の20分くらいを割くのです。力が劣っているからこそいまのレベルを把握させて、Aチームに上がるコツを学ばせます。

前述したように、レギュラーを固定しないこともときには必要です。レギュラーの危機感をあおる一方で、控え選手にも可能性を与えます。

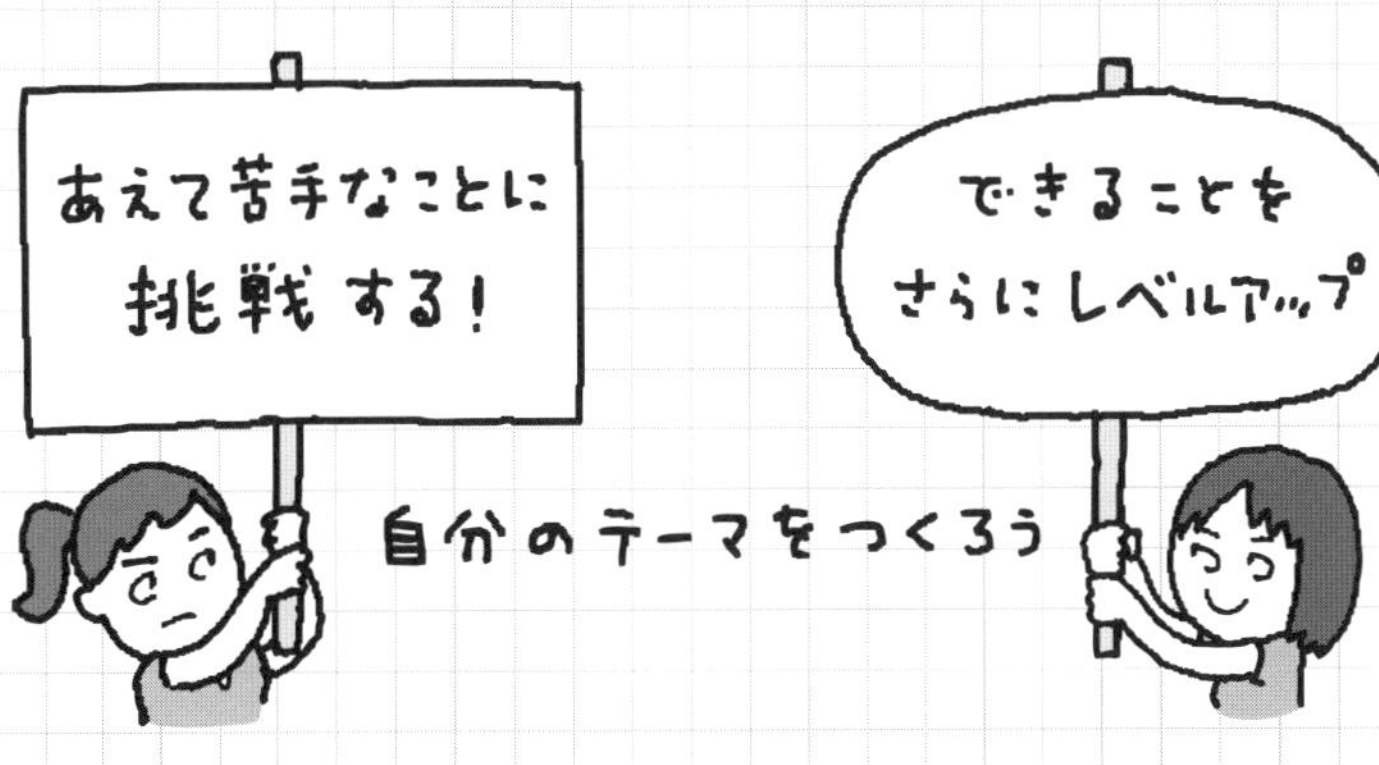
あえて苦手なことに
挑戦する!
できることを
さらにレベルアップ
自分のテーマをつくろう

[Lesson]
16

コーチが尊重してくれると思うことで、予想以上の好結果が得られる

POINT
コーチの「信頼し、大切に思っている」という気持ちが選手に伝わると、大きな力が生まれる

“自主練習”が選手を良い方向に導いた理由

私が帯同したあるチームでのできごとです。練習後、コーチが「あさってはいよいよ試合だが、明日は自主練習とする。やり方はそれぞれに任せるので、そのつもりで」と言いました。

これまでは、試合前日のメニューが決められていて、張り詰めた独特な雰囲気のなかで練習が行われていただけに、ある意味画期的なことでした。

私は、試合の前の日に選手がどのような練習をするのか注意深く観察しました。フォームの確認を行う選手、何人かで集まってサーブを打つ選手、自分の苦手なプレーを繰り返し練習する選手、ストレッチのみを行う選手など、時間の使い方はさまざまでした。なかには、「私はいままで通り、前日のメニューを変わらずにやっています」という選手もいました。

試合には勝ったのですが、後日この試合前日の過ごし方・取り組み方が自分にとってどのようなものだったのかを選手に聞いてみたところ、次のような意見が聞かれました。

「今回初めて自主練習という形にしてくれたので、自分に必要なこと、足りないことを考えて、それに集中することができた。自分は身体のケアをして、試合当日は身体が軽くて良かった」。

「試合前の準備とルーティーン（生活面の）について、時間的なゆとりがで

「尊重された」と感じることが選手に良い影響をもたらす

きた。そのため、試合当日は心の余裕をもって挑むことができ、良い結果につながった」。

このように、総じてこの〝自主練習〟については「良かった」と感じているようでしたが、それは選手たちが「コーチが大事な試合前日の過ごし方を自分たちに任せてくれたのは、選手として尊重してくれたからだ」という受け止め方をしたからです。

だからこそ、だらだらと時間を費やすこともなく、それぞれの選手が有意義な時間を過ごすことができたのだと思います。

なかには「コーチのことは嫌いではないけれど、毎日顔を見たくないと思うこともあり、1日会わない日ができて良かった」という選手もいましたが、これはコーチのことを避けているわけではなく、ある種のマンネリやコーチの指摘から解放されたことがリフレッシュにつながったのだと考えられます。部屋の窓を開けたり、晴れた日に布団を干したりすると気持ちが解放された気分になるのに似ています。

繰り返しになりますが、今回の取り組みは、コーチが選手たちを十分に信頼し、自主性を尊重したからこそできたことであり、選手もその思いを受け止めて良い結果に結びつけられたのです。

こうしてみよう！

選手が主体となった“選手DAY”をつくってみる

前述したように、コーチが選手と顔を合わせない日をつくったり、練習メニューを選手に決めさせることで、彼女たちを尊重しているというメッセージを伝えるようにします。

これは、選手に〝自由（＝時間）を与える〟という感覚に似ています。コーチと選手が同じ時間を共有するなかで自由な時間を与えると、選手は「コーチが自分たちを尊重してくれた」と感じるものなのです。

もう1つは、〝選手DAY〟をつくるという方法です。これはある意味レクリエーションのようなものです。

競技について感じていること、コーチへのお願いごと、質問などを書いた紙をBOX（形は何でも良い。簡単な袋でも可）に入れて、コーチがそのなかの1枚を引き、書かれている内容に応えます。

あくまでも選手が主体となって、その本音を反映することがポイントです。実行方法は、たとえば練習前の1時間をこのゲームにあてます。毎週○曜日と決めて行ってもいいでしょう。

[Lesson]
17

チーム内の競争は“女子選手の特性”を利用して良い方向に導く

ボールは1つでも
キックは
チーム全員の
魂が込められ
てんだからね
忘れないで!
イーネ

POINT 女子選手は団体での練習を好むので、個人対個人でなくチームを組んで競わせるようにする

チームを最優先して「みんなで頑張りたい」と考える

チーム内で練習試合などをした場合、女子選手はたとえ自分が優位に立ったとしても、相手の立場のことを考えるため、喜びを露わにするようなことはあまりしません。それをすると、相手が「自分のことをバカにされた」と感じるということを知っているからです。

これは、女性が争いごとを好まない理由の1つと思われますが、私は〝男性は競争を好み、女性はお互いのメリットを重視する傾向がある〟と考えています。

スポーツの現場でも、男子選手は個人対個人の戦いを好み、女子選手は個人戦より団体での練習を好む傾向があります。なぜなら、個人個人のことよりもチームのことを最優先に考えて、「みんなで一緒に頑張りたい」という気持ちが強いからです。

心理学に親和動機という言葉があり、これは〝他者からの支持や承認、注意を得たいという欲求、他者に対して友好な関係を維持したいという欲求〟のことをいいますが、この親和動機は男性より女性のほうが強いといわれています。

あるとき、私が関わっていたチームの選手が「私は、個人どうしで戦う練習メニューがあまり好きではありません」と言いました。「なぜ、好きではな

仲間に気をつかうあまり自分の実力が出せなくなる

いの？」と聞いたところ、彼女はこんな答えを返してきました。

「自分が勝った場合、相手によっては悔しさを露わにして、その後の練習で不機嫌になったり、何か怒っているような態度をされることがあるんです。別に気にしなければいいのですが、それがあまりに激しいときは、こんなに嫌な思いをするくらいなら、自分が負けたほうがいいのではないかと考えてしまいます」。

彼女は最後に「でも、わざとは負けられませんけどね」と言って笑っていましたが、仲間に対してそのような気づかいをするのだということを改めて知りました。

その選手の場合は心配ないと思いますが、現状のままの練習を続けていくと、人によっては仲間に気をつかうあまり本来の練習ができず、自分の力を伸ばせなくなる可能性があります。

たとえば、本当は勝てるのに、相手に勝たせるために手加減をして自分の力が出せなくなる、自分より技術が劣る選手に合わせることで、自分のレベルを下げてしまうということが起こり得るのです。

このようなことからも、女子選手の練習は1対1の個人戦よりも複数でチームを組んだ練習が好ましいのです。

こうしてみよう！

チーム分けをして それぞれが別メニューに取り組む

チームを組んだ練習の1つ目は、チーム分けをしてそれぞれが別のメニューに取り組むという方法です。あえて他チームと同じ練習をしないのがルールで、試合に向けてどのような練習が良いのかをチームごとに考えます。

たとえば、サッカーで4チームに分けた場合、Aチームはシュート練習、Bチームはドリブル練習、Cチームはパス練習、Dチームは3対3の練習を行い、練習の最後に試合をさせます。

もう1つは、チーム分けをして全体の底上げを図るという方法です。チームのなかには、どうしてもやる気のある選手とそうでない選手がいますが、それを見極めたうえでうまく混在させてチームを組みます。

そうすると、やる気のない選手のモチベーションは高まり、チーム全体の意識も上がってきます。練習方法は、バスケットボールならシュート数、バレーボールならアンダーハンドパスの回数など、競争しやすいものにします。

[Lesson] 18

女子選手は、競技と同じくらい人間関係も重要だと考えている

同じ男性《ひと》を
好きになって
しまった以上
もうこのチームには
いられないわ・・・・
ちょっと・・・

POINT 人間関係の悩みは自分からは言いにくいので、コーチが気づく必要がある

人間関係が原因で実力を出し切れないこともある

タイトルを見て「えぇー」と感じる人がいるかもしれません。しかし、女子選手の多くは「競技も人間関係も同じくらい大切だ」と考えています。もう少し補足すると、「チームが成り立っているのは1人1人がいるからこそ。もし仲間とうまくいかなくなったら、競技もできなくなってしまう」というくらい、多くの女子選手にとって人間関係は重要な位置を占めているのです。

どんなに技術的にいいものをもっている選手でも、人間関係がうまくいかずに実力を出し切れないということは往々にしてあります。実際私が現場に立っていて、競技が大好きで技術的にもすばらしいけれど、人間関係が原因で心がくずれそうな選手をたくさん見てきました。

コーチのなかには「いろいろ考えずに競技に集中しなさい」という人もいますが、女子選手の場合、競技に対する気持ちよりも人間関係に対するそれのほうが多くを占めているので、一筋縄《ひとすじなわ》ではいかないのです。

選手が人間関係で悩んでいることに気づかないと、コーチに本当のことを言えないままチームを去ることになったり、競技をそこで終わらせてしまうことにもなりかねません。そうなると、競技が好きだという純粋な気持ちさえも失ってしまい、自分で自分を否定して責め続けてしまったり、苦難から逃げたことがトラウマとなって逃げグセがついたりします。

“コーチに気づいてほしい”というサインを見逃さないようにする

私の両親や祖母は、試練や苦難にぶち当たったときに私が「辞めたい」また「やりたくない」と言っても、決して辞めさせてくれませんでした。「その嫌だという思いを越えてから辞めなさい」という教育方針でした。これから生きていくなかで、同じような状況があることを知っていたからだと思います。それがあったからこそいまの自分があり、その教訓を基に苦境にある選手に助言したり、メンタルの部分で役立つアドバイスができるように思います。

当然のことですが、コーチは選手が追い詰められた状況に陥る前に気づいてあげなくてはなりません。人間関係で悩んでいるということは、必ず相手があり、その人とうまくいっていないということなので、自分からコーチに相談するのには相当な勇気が必要です。

またまじめな選手ほど、自分と仲間の問題なのだから、自力で解決しなくてはいけないと考えます。必死に苦しさに耐えながら、心のどこかで「何とかコーチに気づいてほしい」と願っているというのが本当のところでしょう。

競技のことがどんなに好きでも、どんなに技術がすぐれていても、1人で悩んで孤独を貫き通すというのは大変です。女子選手が2人以上でグループをつくって孤立しないようにする傾向があるのは、このへんにも理由があると考えられます。

※ペアストレッチの具体例
◎背中合わせで相手をもち上げます
◎体側を伸ばすストレッチ：横並びで手を握り合って内側の足どうしの側面を合わせ、外側に体を引いて伸ばします（左頁のⒶ）。
◎スクープ：お互いに仰向けになり、両足の裏を合わせてそれぞれの足を90度に上げ、首と両手は上へあげます（左頁のⒷ）。

こうしてみよう！

ペアで行動させることで関係の修復を図る

選手の人間関係がうまくいっていないことに気づいたら、次の2つを試してみてください。

1つ目は、ペアを組んでキャッチボールやペア※ストレッチなどを行う方法です。ポイントは、関係のぎくしゃくした者どうしをあえてペアで組ませることです。キャッチボールは相手との距離感覚の確認と、余計な感情を抜きにしてボールを投げ合うこと、ペアストレッチは身体を密着させるので心の距離を近づけやすいというメリットがあります。

もう1つは、ペアで競技の楽しさについて話し合わせる方法です。話し合いの結果をまとめて、ミーティングで発表させます。

仮に1つ目の方法で選手どうしが話さないで終わった場合でも、この方法なら選手たちを話さざるをえない状況に導くことができます。

このように、コーチがあえて話す機会や接点を設けることで、関係修復のためのきっかけをつくるようにします。

Ⓑスクープ

Ⓐ体側を伸ばすストレッチ

[Lesson]
19

選手が痛みを訴えたら“寄り添いの姿勢”で接するようにする

コーチ…
背中が少し
痛むんです
この程度の
タイムで
何あまえ
てんの!!

POINT
痛みを抱えているときは、言葉をかけてもらうだけでも不安がやわらぎ、落ち着くことができる

身体の痛みを訴えた選手は大きな不安を抱えている

あるとき、こんな光景を目にしたことがあります。練習中、ある女子選手がコーチに対して「体調が悪くて震えが止まりません」と訴えました。コーチがどのような対応をするか注目していると、「そうなんだ」とだけ言って、選手の体調を聞くこともなく他の選手と同じ練習を続けさせました。

練習が終わる頃になって、その選手が再度「やはり震えが止まらないので、今日は早く帰らせてください」と訴えました。すると、コーチは「俺は医者じゃないからわからないんだよ！　医者に行きなさい、医者に！」と大声をあげ、続けて「今日の練習は最初から来るべきじゃなかったんだよ」と言って笑ったのです。

その選手があまりにも落ち込んでいたので私がフォローしましたが、深く傷つき、コーチに訴えたことを後悔していました。

選手が練習中に身体の痛みを訴えることはよくありますが、そんなとき選手は「このまま身体の具合が良くならなかったらどうしよう」と、とても不安に思っています。そんなとき、コーチが「どこがどう痛い？」「どのくらい前から悪い？」と聞いてあげたとしたら、選手は「自分のことを心配してくれている」と感じられて、精神的にも落ち着くことができます。

コーチによっては、「選手自身の体調は本人にしかわからないのだから、

コーチの対応によっては信頼関係が壊れる可能性もある

どうするかは自分で決めなさい」という考えの人もいるかもしれませんが、少なくともこの例のような態度は大きなマイナスしか生み出しません。

コーチがこのような対応をすると、多くの場合選手は「自分のことをまったくわかってくれない人なんだ」「こんなに冷たいのは、私のことを嫌いだからだ」という思いが強くなります。そして、いままで積み重ねてきた関係性すらもくずしかねないような不信感を抱くようになり、時にはチームや競技を辞めてしまう可能性もあります。

実際、私の知っているある選手も、痛みに対するコーチの対処のしかたに傷つき、コーチを信頼できなくなって別のチームに移籍しました。

痛みの度合いが本人にしかわからないというのは、たしかにそのとおりです。しかし、痛みを訴えた選手は、コーチにその診断を正確にしてほしいと望んでいるわけではありません。不安な自分に、少しだけ寄り添ってほしいと思っているのです。

そう考えれば、「そうなんだ」「わからない」という一言で片づけてしまうことが、いかに〝やってはならない〟行為であるかがわかるでしょう。小さなことと思う人がいるかもしれませんが、これは女子選手の力を大きく伸ばすためにとても重要なことなのです。

こうしてみよう!

選手の話をしっかり聞き寄り添う姿勢を見せる

選手が痛みを訴えてきたら、まずはその話をきちんと聞くことが大前提になります。前述したように「どこがどのように痛いのか」「どのくらい前から悪いのか」などを聞いてみましょう。選手はナーバスになっていますが、話をすることによって不安が軽くなり、平常心を取り戻すことができます。

次に、必要に応じて応急処置や一時安静を指示し、大丈夫そうであれば別メニューでの練習を提案します。楽しめる要素のあるメニューや、タイムを計るなど、痛みに集中している意識を違う方向に向かわせるものがいいでしょう。

選手の身体が一番大事であり、その先に競技があるのだということを、選手に寄り添いながら伝えたうえで提案するようにします。

また、身体のどこかにムリをさせて、必要以上の負荷がかかっているために痛みを感じるという可能性もあるので、選手のまちがった身体の使い方やクセを見つけ出して、指導していくことも必要です。

[Lesson]
20

試合前日には、コーチから選手へのメッセージを1人1人に伝える

POINT 女子選手は自分の立場を理解してくれている人からの“後押し”を望んでいる

自分を見守ってくれる人からのアドバイスは大きな力を与える

試合前日の選手たちの〝思い〟は人それぞれです。「勝ちたい！」という気持ちはどの選手にも共通していますが、「どうしよう。不安で眠れない」という人もいれば、「楽しみでしかたがない。ワクワクする」という人もいます。女子選手の場合、2人以上で自分の気持ちを言い合ったりすることが多いようですが、これは、特徴の1つといえるかもしれません。

女子選手は、自分の気持ちを打ち明けることで試合に向けて仲間との〝思いの共有〟ができ、一時的に安心します。不安の根本的な解消ができるかどうかよりも、弱みを分かち合うことが重要なのです。

私は以前、試合の前日に選手1人1人に手紙を渡したことがあります。そこには選手の長所や気をつけるべき点、可能性を最大限活かすためにしたほうがいいことなどを記しました。

翌日の試合には、仕事の都合で行けなかったのですが、数人の選手から「自分のベストプレーが出せました！」とか「落ち着いて試合に臨むことができました！」というメールをもらいました。

私のアドバイスがどこまで役立ったのかはわかりませんが、日頃からよく見ていないとわからない個々の選手の特徴を伝えてあげたことで、「自分を理解してくれている人からアドバイスをもらえた」と感じられたことが良か

試合で実力を出し切るために何ができるかを考える

ったのではないかと思います。そして、自分の長所に気づき、さらに自分を認めることができたことが自信につながったのだと感じます。

そのことがあってから、「今日はどうでしたか?」と練習のたびに聞いてくる選手も出始めましたが、女子選手は、自分の置かれた状況を理解したうえで見守ってくれる人に背中を押してほしいと思っているのです。

コーチからすると、忙しいなかで試合のたびにメッセージを送るなんてムリだと思うかもしれませんが、コーチの一番の仕事は、選手のもっている力を伸ばしたり引き出してあげることです。だとすれば、選手のモチベーションを確実に上げられるこの〝ひと手間〟を惜しんではいけないでしょう。

最近は、怒られて伸びるよりほめて伸びる選手のほうが多いようです。コーチによっては、叱られて潰れてしまうくらいならそんな選手はいらないという人もいますが、この考え方では、選手とコーチの間にさらなる温度差を生むばかりです。

なにも、甘やかせろといっているわけではありません。場合によっては叱ることも必要ですが、重要なのは叱り方です。女子選手の場合、試合の前日に怒られると翌日までそれを引きずることが多いので、最終的に前向きの気持ちになれるように配慮することが大切です。

こうしてみよう！

試合前日、1人1人に“1行メッセージ”を手渡す

前述したように、試合の前日、選手1人1人に対して〝良いところ〟や〝意識すべき点〟などを伝えるのが効果的です。口頭で伝えてもいいのですが、できれば形として残るように紙などに書いて伝えたほうが良いでしょう。

「フットワークが強みだから、いつもより意識的に使っていけ！」、「腕の使い方だけに注意しろ！」など、1行で端的に伝えるのです。選手を気持ちよく試合に臨ませるために、ぜひ試してみてください。

そのほか、コーチ自身が自分の采配についてあえて不安を口にするという方法があります。たとえば「俺の采配で大丈夫かな？」などですが、これは選手に「自分たちが頑張ってコーチをサポートしよう」という気持ちを起こさせ、結束力を増す効果があります。

ただ、あくまでもコーチ自身の不安を述べることが前提で、選手が「コーチは自分たちに不安を抱いている」と思わせてしまうと逆効果です。この点にくれぐれも注意してください。

※こんなことにならないように…
名前書き忘れ
誰にどのメッセージ渡すかわからずかたまる…
？

ファッションや道具に個性を見つけたらほめてあげる

女子選手の多くは、競技で使用する道具やウエアに自分の好みを入れ込んでいます。

たとえば水泳選手であれば、日頃の練習用水着に自分の好きなキャラクター(学生選手であればスポンジボブやミッキーマウスなど)が入っていたり、水着とゴーグルの色を合わせたりしてします。

女子選手は、自分の個性が出ている部分をほめられると、あたかも自分自身がほめられているかのように感じてうれしくなります。たとえば、「水着のデザインが可愛いね」と言われれば、「水着がかわいいのは着ている自分もかわいいからよ」ととらえて、水着を通して自分がほめられたというとらえ方をします。

また女子選手は、チームメイトどうしでお互いの"個性"をほめ合いますが、コーチ(または身近な大人)からほめられると、より大きな喜びを感じます。

というのは、大人には同世代の価値観とは違う価値観があると考えているため、その人にほめられるとまるで自分がワンランクアップしたかのように感じるからです。

男性のコーチのなかには、いくら自分の好みや趣味を入れ込んでも、ウエアはウエアでしかないし、道具は道具でしかないと考える人がいるかもしれません。たしかにそのとおりなのですが、ほめられて気分が良くなればいつも以上に練習に身が入るのですから、積極的にほめてあげましょう。

そして、少しでも選手が興味をもっているものにアンテナを張るようにしてください。ほめる内容の深さ(質)が重要なのではなく、視覚として入ってくるものに反応することが大切です。

「その靴かっこいいね」でも「Tシャツかわいいね」でも良いのです。いつもと変わっていることに気づいたら、一言ほめてあげるようにしましょう。

第3章

選手に効果的な指導をする

Coaching of the female athlete

[Lesson] 21

“練習は質より量”と考える傾向が強いので“質”の重要性も理解させる

コーチ! 私たち
苦しくったって
悲しくったって
コートの中では
平気
なんです!
はぁはぁ
大丈夫よ
まだまだ

POINT

練習の“量”を求めて頑張りすぎることがあるので、状況に応じてコントロールする

練習の量に固執しすぎるとルーティーン化する恐れがある

女性アスリートの多くが、「自分の身体が疲れないと、練習をやった気がしない」と言います。その理由を問うと、たいてい「いままでも量をこなしてきたから」「そう教えられて育ってきたから」という答えが返ってきます。

ここで少し考えてみてください。量をこなし続けていれば、確実に技術が向上するといえるのでしょうか。また、量を重視することによる身体の疲労についてはどう考えたらいいのでしょうか。

私は〝量より質〟ということも考える必要があると思います。もちろん、フォームの確立のためには量も必要ですが、技術の向上ということを考えた場合、1つ1つのことに目を向けて見直す必要があるように感じます。

〝質より量〟で育ってきた選手は、量に固執するあまり、数字に意識がいきがちです。それでは自分の身体や技術に対して意識が向かうことはなく、単なるルーティーンになってしまう恐れがあります。

「まだまだ回数が足りないような気がする」「もっともっと練習をしたい。まだ大丈夫だから、身体が疲れるまでやりたい」という意識になってしまうのです。

コーチが選手の意識を変えることなく、量だけを重視した練習を続けていると、いずれは身体の回復が間に合わなくなり、疲労を抱えたまま練習に臨

練習に対する選手の意識を量から質へ変えていく必要がある

むことになります。

そして、最悪の場合ケガをして、時には長期間練習から離脱しなくてはならなくなります。そうならないためにも、量に対する意識を変える必要があるのです。

そのためには、まず練習メニュー1つ1つの必要性や目的について、選手にはっきりと伝えることです。

選手によってはメニューに得意、不得意があります。得意なメニューのときには当然余力が生まれるので、それをメニューのなかでどう活かすのかを考えさせます。

不得意なメニューがある場合には、どのようにしたらそれを克服することができるのかについて考えさせるようにします。このように少しずつ意識を変えていくのです。

男子選手に比べて、女子選手はより頑張りすぎる傾向があります。それは、ムリをしても我慢しても、期待に応えようとする気持ちが強いからで、実際自分の可能な範囲を超えてでもやり切ってしまうことがあります。

そのようなことのないように、コーチが女子選手の〝習慣〟を変えさせていくことが必要です。

こうしてみよう！

意識改革のために イメージトレーニングを利用する

選手の意識を〝量から質〟へ変えるためには、イメージトレーニングが有効です。

女子選手は目に見えるもの、身体で感じられるものを好むので、勝ったときの試合や好調なときの映像を見せて、頭を使って目標達成しているところをイメージさせるのです。これは、集中して大体5～10分程度、練習後に行うといいでしょう。明日の自分への準備になります。

もう1つの方法は、足の指を使ってのグーチョキパーじゃんけんです。これは4人または6人などの偶数で行います。

床に座って、両足を真っすぐ前に伸ばします。グーは足の指をぐーっと縮める、パーは5本の指を大きく広げる、チョキは親指は自分の方向、残り4本は自分とは逆の方向に伸ばし、親指と4本の指を離していきます。この動きを、両足とも同じように行います。

これは、ふだん緊張しっぱなしの足をほぐし、意識的に末端に力を入れるストレッチとしてオススメです。

[Lesson]
22

イメージがしやすい“目に見える形”での指導ができるように工夫する

POINT 身振り手振りを使う、映像を用意するなど、選手が見える形を提供して具体的に指導する

口頭だけで伝えるのでなく“身振り手振り”を有効に使う

私が担当していたあるスイミングスクールの女子選手たちは、「練習で泳いでいる姿を自分では見ることができないので、フォームのどこをどう直したらいいのか、コーチにもっと具体的にわかりやすく教えてほしい」と言っていました。

たしかにそのコーチは、選手に対していつも「こうするんだ！　そうじゃないよ！」と、口頭のみの指導しかしていませんでした。おそらくコーチ自身は、言葉で伝えているのだから当然選手にもわかるだろうと思っていたのでしょう。

しかし、そのままの状態でコーチが指導を続けていくと、選手の感覚とコーチのそれとの間に大きな差が生じることは明らかです。その結果、いつまでたっても選手の技術は向上せず、コーチは「いくら言っても直らない」とイライラを募らせることになります。

女子選手を指導するときには、ただ言葉だけであれこれ伝えるのではなく、〝身振り手振りを使う〟のが有効です。

口先だけで「こうだよ！」と言うのではなく、自分の身体を使って「この手をここまで上げないと、速くならない」「もっと深く体をかがめないと力が溜まらない」など、より明確に、具体的に伝えるようにします。

映像を見ながら、身体の動きをパーツごとにチェックする

なぜなら、女子選手は目で見えるものをわかりやすく感じ、イメージがしやすいという傾向があるからです。

自分で自分の姿を見ることが難しい水泳、陸上、体操など、球技や道具を使う競技以外の場合は、〝身振り手振りを使う〟ことをとくに意識してください。水泳に関しては、水の抵抗があるので、信頼できるコーチの具体的な助言や指導はとても貴重なものになります。

コーチが身振り手振りを交えて指導する以外に、〝選手に見える形〟を提供するためには、練習風景をビデオに撮って、自分たちの姿を客観的に見るという方法があります。選手の動きを身体のパーツごとにチェックしていくのです。

コーチがやるべきことは、技術を教えるだけではなく、「どうしたら選手が理解してくれるか」を追求することも必要です。

「いくら教えても選手が理解してくれない」「彼女はものわかりが悪い」などと言う前に、どうしたらわかってもらえるのかを真剣に考え、工夫することです。

選手の技術が向上しないのは、その本質が伝わっていないからだということを前提にして、〝目に見える指導〟を心がけてください。

こうしてみよう！

“コーチがやる！ 見せる！”指導で具体的に教える

目に見える形の指導の1つ目は、〝コーチがやる！見せる！〟方法です。

まず、コーチが選手のまちがっている身体の使い方やフォームをそのまま再現し、次に正しい身体の使い方とフォームを、自分の身体と言葉を使って教えます。

言葉に関しては、より具体的な言い回しを意識します。たとえば、「その動きいいね」と言うより「しなやかだね！」「美しいプレーだね！」という具合に、その選手の特徴をつかんで具体的に表現するのです。

もう1つは、前述したようにVTRを利用して、身体のパーツごとに動きをチェックしていく方法です。

多くのプロ選手たちは、試合後にVTRで自分の動きやチームの動きを確認していますが、ゆっくり見返していくことで、手や足の使い方の誤り、感覚と実際の動きの誤差など、新たな発見ができます。

冒頭のスイミングスクールでも、実際に「映像で確認したら、手を上げる高さが自分の感覚と大きく違っていた」と言っている選手がいました。

[Lesson] 23

“繰り返すのが得意”という特性を活かすと練習の効果が上がる

よーし
今週の
「コーチ
気まぐれメニュー」
は火曜日に
決定！
あとは
レギュラー
練習っと
陸上部日誌

POINT 安定を求める能力に長《た》けているので、それを活かしつつ不安定な要素も配していく

女子選手の特性を活かして練習方法を考える

私が現場にいたあるチームでは、練習メニューを事前に見ることができました。選手は前もってメニューを確認できたので、準備がしやすかったはずです。

女子選手は、一部分ではなく全体の流れを把握したがる傾向が強いので、その点からも練習前の心構えは完璧だったと思います。

ところが、コーチが代わったことによって、毎日の練習メニューが大きく変更されたと同時に、その確認が練習の直前にしかできなくなってしまいました。

選手たちは「メニューが大きく変わったのと、事前に見られないために毎日大変です」と言うようになり、そのことに不安や疑問を抱く選手も出てきました。

選手たちの戸惑いを見過ごすことはできないと考え、私はコーチに対して「選手に練習メニューが大きく変わる意図を説明したり、前もって見せるほうが、女子選手の特性を活かせるのではありませんか」と進言しましたが、結局やり方を変えようとはしませんでした。

私がコーチに進言したのは、そのやり方が悪いということではなく、女子選手の特性を活かさないのはもったいないと感じたからです。

“安定”と“不安定”の適度なバランスをとる

女子選手は、同じメニューを繰り返すなかで、いかに効率的にできるかを考えながら、自分に一番合った方法を見つけ出します。また、慣れた環境のなかで、どうやって自分の力を活かしていったらいいかを模索します。いわば〝安定を求める力〟に長けているのです。これは、事務職には女性が多いということからもわかると思います。

ただ、安定傾向に慣れてしまうと、試合で臨機応変な対応ができなくなったり、人間としての柔軟性が育ちにくくなってしまうので注意が必要です。また、安定を乱されたときに腹立たしさを露わにしたり、自分だけを守ろう(自分が良ければいいという考え)としかねないところがあるので、この点も心得ておく必要があります。

コーチとしては、〝安定〟と〝不安定〟の適度なバランスをとるのが最善策だといえるでしょう。ここでいう安定とは〝決められたメニューで行うこと〟、不安定とは〝毎日メニューを変えること〟で、このバランスをコントロールするのがポイントになります。

選手に対して安定を与えながらも、ときには不安定な要素も配していくことで、安定した状態に甘んじさせることなく、女子選手の特性を伸ばしていくことができるのです。

こうしてみよう！

得意なメニューの量を増やしそれによって質も高めていく

女子選手は、安定を求めて繰り返すことを苦にしないので、自分の得意な練習メニュー（好きなメニュー）の量や回数を増やし、それによって質を高めるというトレーニングをするといいでしょう。

たとえば、陸上でリレー（何人かでチームを組み順位を争う）が得意（好き）だとした場合、コーチは練習メニューのなかのリレーの本数を増やすのです。

自分の得意（好き）なメニューを行うという安定した環境のなかで繰り返し練習することで、選手はより速く走るためにはどうすればいいかを考えるので、技術の質も高めていくことができます。

もう1つは、練習メニューの流れは大きく変えずに、小さなところを変更していく方法です。

たとえば、①ウォーミングアップ→②個人の技術練習→③グループでの技術練習→④全体での試合か練習という順番だとしたら、その流れは変えずに個々のメニューを変更します。流れが大きく変わらなければ、女子選手の特性を活かすことができます。

同じこともう2回やってみよう
ハイッ

［Lesson］
24

計画を実行する能力が高いので、短期だけでなく長期の目標も重視する

POINT 目標に向かって進む能力にすぐれているので、短期目標だけでなく長期目標もつねに意識する

短期目標にこだわりすぎると燃え尽き症候群に陥ることがある

目標には、短期目標、中期目標、長期目標がありますが、短期的な目標に意識がいきすぎた場合、女子選手は燃え尽き症候群（バーンアウト・シンドローム）に陥りがちなので注意が必要です。

あるチームに、試合が終わって数日経っても無気力状態の選手がいて、コーチも困っていました。女子選手が全力を出し切った場合、成長してさらに大きな力を発揮するようになることをそのコーチは知っていましたし、期待もしていましたが、何をやっても気持ちが高まらないようでした。

そこで私が、あえて「最近の調子はどう？」と聞いてみました。するとその選手は「いつもと変わりなく元気です。ただやる気が起きません。あの試合で負けてからというものずっとです」と答えました。

続けて「目標や目指していることがあるの？」と聞くと、「はい、いままでは○○に向けて日々頑張っていました。目標はあります」と言うのでした。しかしこのとき、その選手から目標があるような表情や言葉の強さは感じられませんでした。

私は今回の試合についての切り替えができていないこと、短期的な目標に意識がいきすぎていて、長期目標に目が向けられていないことが原因ではないかと感じました。女子選手は元々計画を実行する能力が高く、1歩1歩進

長期目標をつねに意識することが女子選手の能力発揮につながる

むことを厭《いと》わない傾向があるのですが、長期目標を見失ってしまったために、その力を発揮できなくなっていたのです。

　私がそのことをコーチに報告したところ、すぐに選手とミーティングを行い、試合結果からの切り替えを図るとともに、長期目標を掲げて再始動することができました。

　もしコーチが選手の異変に気づきながら、本人から何も聞かずに見守ることにした場合、競技の楽しさも忘れて、自分が何のために競技を続けてきたのかさえもわからなくなっていたかもしれません。

　女子選手は、自分からは言えないけれど、きっかけがあれば話したいと思っています。結果的に選手が話さない場合でも、コーチが話を聞く環境をつくったにもかかわらず言えなかったのと、環境さえもつくってもらえなかったのとでは、選手の気持ちは大きく異なります。

　この件の場合は、コーチが選手の異変に気づいて早い段階で話ができ、長期的な目標を掲げることでやる気を取り戻して、再び力を発揮できるようになりました。私はコーチの対応の的確さに感心するとともに、長期的な目標をつねに意識させることが、女子選手の特性を活かすことにつながると改めて感じました。

こうしてみよう！

選手の夢を実現するために中期目標、短期目標を立てる

長期目標を意識させるために、〝選手に夢を語らせる〟という方法があります。

選手に自分がどうなりたいかを自由に話させて、コーチはその道筋をつけるようにします。

まず、夢を長期的な目標ととらえて、それを具体化するための中期目標を立てます。その後に、いますぐ必要となる短期目標を立てるのです。

たとえば、〝日本代表選手になりたい！〟というのが夢であれば、中期的な目標は、〝しかるべき大会に出て最高の結果を残す〟ことになります。

そして、それを達成するためにいまどうしたらいいのかを短期目標として選手と話し合います。

もう1つは、夢がない選手、「わかりません」と答える選手のための方法です。

これはいま述べたのと逆の手順で行います。つまり、短期的な目標から決めて、次は中期的な目標を立て、最後に長期的な目標を決めるという流れで進めていきます。

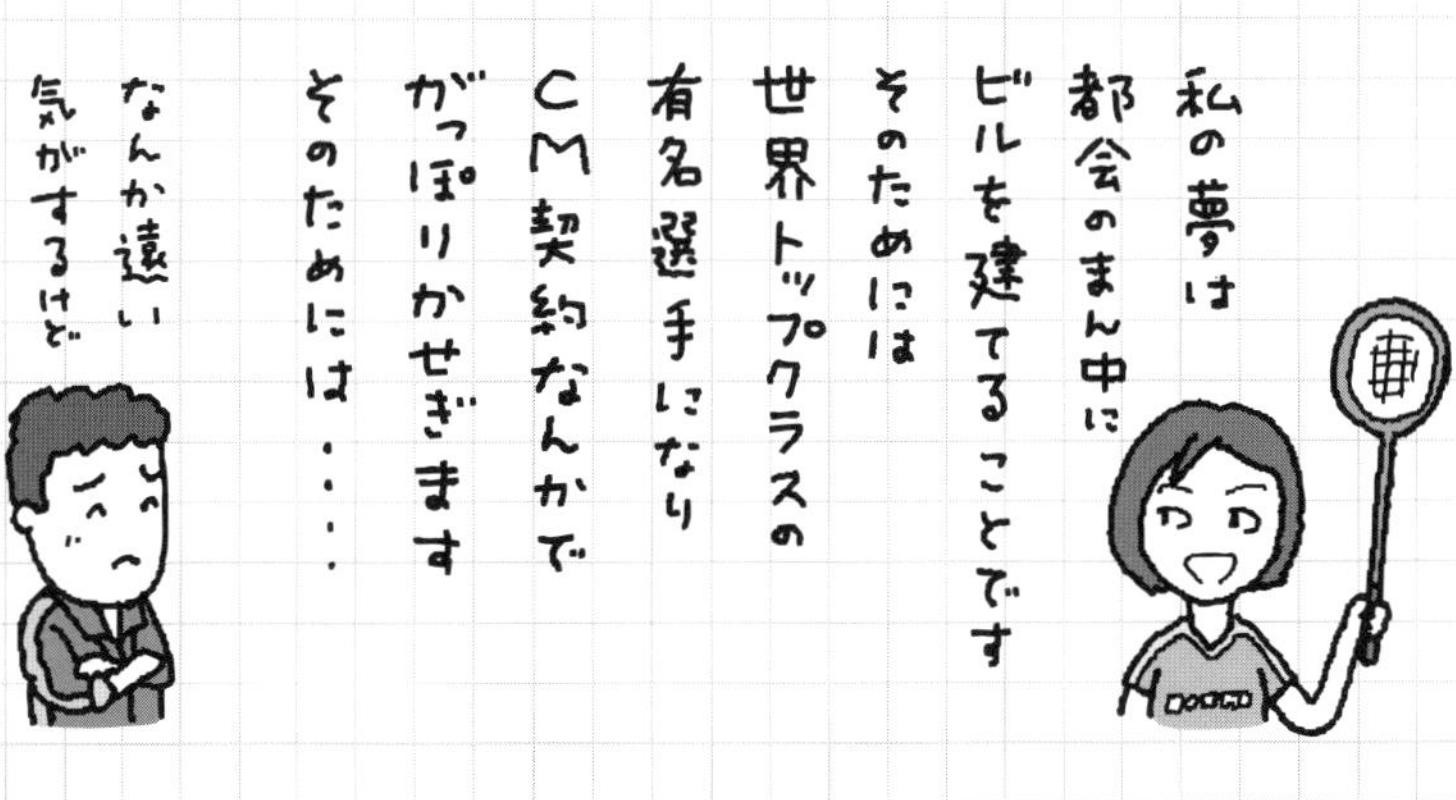
私の夢は
都会のまん中に
ビルを建てることです
そのためには
世界トップクラスの
有名選手になり
CM契約なんかで
がっぽりかせぎます
そのためには・・・・
なんか遠い
気がするけど

[Lesson] 25

話の本質を知りたいと考えるので、何についてもしっかりと説明をする

ところでこのご指導はどんな意味があるんでしょうか
納得できるように説明してください！
うんいやなえーっと要するに……だ…

POINT 質問が多いのは、話の内容をきちんと理解したいためなので、丁寧な説明を心がける

疑問点がなくならないと前に進むことができない

一般的な傾向として、女性は会話をするとき、話の主旨から細部に至るまですべてを理解したいと考えています。だからこそ、人の話を最後まで聞くことができますし（36頁参照）、時間をかけて相手の気持ちに寄り添うこともできます。

それに対して多くの男性は、1回の話で対象となる事柄の大枠だけでも理解してほしいと思っています。そういう意味では、男性と女性の話の理解のしかたには大きな違いがあるといえます（156頁参照）。

たとえば、コーチが「○○君に副キャプテンをお願いしたいと思う」と言ったとします。

男子選手であれば、多くは「はい、わかりました」と返事をします（明確に拒否する場合は別です）。これに対して女子選手は、たいてい「えっ？　なぜ私なのですか？」という反応を示します。そして、コーチの質問に答える前に自分の疑問や質問を口にします。

コーチとしては、「はい」なのか「いいえ」なのかの答えがほしいのですが、女子選手からすると「なぜ自分なのか」という話の主旨がわからないので、それを聞いてから答えを出したいのです。決してコーチに逆らっているのではなく、疑問が解消しないと前に進めないのです。

男子選手のような“反応”を女子選手に求めてはいけない

また、これはよく見る光景ですが、コーチが「ここ（紙）に書いてあることをみんなに口頭で伝えておいて」と言った場合、男子選手はすぐに「はい、わかりました」と答えますが、女子選手の多くは〝その行為をする目的、意味〟を考えてしまいます。

このように、自分に関わることについて男子選手は女子選手に比べて積極的なように見えますが、女子選手は言われていることの主旨（あるいはすべて）をきちんと理解したいがためにあれこれ考えることがあり、一見消極的に見えてしまうのです。

このことを理解せずに、コーチが男子選手と同じような反応を女子選手に求めていると、とりあえず「はい」と言っておけばいいと考えるＹＥＳレディー（ＹＥＳマンの女性版）を増やすことになりかねません。

ご承知のとおり、ＹＥＳマンは言われたことに対して反射的に「はい」と言っているだけなので、責任感はもち合わせていません。それどころか、「はい」と答えさせたのはコーチであると考えて、内心では責任転嫁をしています。

これは、何かを注意されたとき、コーチの前では「はい！」とさわやかな返事をしていながら、実際には何も変わらない（変わろうとしない）選手に似ています。

こうしてみよう！

五感を使い、主語を飛ばさず丁寧に説明する

女子選手は前述したように「話のすべてを理解したい」という思いが強いので、つねにしっかりと説明する意識をもつことが大切です。とくに心がけたいのは、何かを伝えるときは、五感（視覚、聴覚、触覚、味覚、嗅覚）を使うということです。

たとえば、ある小説のあらすじを人に説明する場合、必要最低限のことを伝えないと理解するのは難しいですが、それと同じように選手にも五感を用いて伝えるということです。

もう1つは、必ず〝主語〟を入れて話をするということです。

コーチは、自分は理解しているので、主語を飛ばして話をすることがあります。しかし、主語がないと、大きな誤解や勘違いを生む要因になります。伝える側は、これから話すことについて相手は何も知らないのだということを意識する必要があります。

一度の話で理解してほしいと思うのであれば、主語の重要性がわかるでしょう。

[Lesson] 26

"直すべきところ"は必要以上に強調しないほうが好結果に結びつく

POINT 同じことを繰り返し指摘すると、マイナスイメージが強化されることがあるので注意する

1つのことを言われ続けるとそれに同調する傾向がある

よくこんな光景を目にすることがあります。コーチが選手に対して「ここを気をつけるんだぞ！　ここだけ！　ここだぞ！」と、〝直すべきところ（弱点）〟を強調して何度も指摘している光景です。

言われている選手はうなずいているものの、どこか戸惑っているようで、いまひとつプレーが波に乗ってきません。それどころか、むしろミスが増えてしまい、明らかに焦りが感じられます。

これは、「ここだ！　ここに気をつけろ！」と指摘されているうちに考えすぎてしまい、自分のなかで直すべきところばかりが大きくなって、元々できていたことにまで影響が及んでしまうからです。

このことは、脳の伝達のしくみに関係しています。同じことを何度も繰り返し指摘されていると、脳のなかでもそのことばかりを反復して拡大するようになり、1つのことに対する意識だけで一杯一杯になってしまうのです。

女子選手は、1つのことについて繰り返し言われていると、それに同調する傾向があるので注意が必要です。それが良い方向につながることもありますが、先ほどの例のように弱点の指摘を必要以上に続けると、考えすぎてプレーに支障をきたす可能性があります。

コーチに注意を繰り返されていると、そのことだけに意識がいき、それま

必要以上の“指摘”を繰り返すと負の連鎖が起こりかねない

で特別考えなくてもできていたプレーができなくなったり、自信のあるプレーにまで影響を及ぼすようになるのです。そして、結果として負の連鎖を引き起こすようになります。

負の連鎖とは、細かいミスが重なって、得点や勝敗に関わるような大きなミスをするようになるということです。ネガティブなことばかりを言われ続けたために、マイナスのイメージができ上がってしまうのです。

しかし、ここで考えてみてください。負の連鎖が起きるということは、逆に正の連鎖も起こせるということです。

私の知り合いに、「試合に対しては良いイメージをもって臨んでほしいので、とくに試合の前には選手に良いところや技術のすぐれた点についてしか言わないようにしている」というコーチがいます。

先日、そのコーチに指導を受けている選手の1人がこんなことを言っていました。

「コーチから『お前はフットワークが良いのだから、それを活かすことを考えなさい』と言われて気持ちが楽になり、自分らしいプレーができました」。

同じ目的をもっていても、やり方しだいでまったく逆の結果になり得るのだということを、心に留めておいてください。

こうしてみよう!

直すべきところの指摘は“1度だけ”が効果を上げる

前述の例でもわかるとおり、何度も細かく注意するのではなく、1度だけ〝直すべきところ〟について伝えるのがポイントです。

重要であることを理解させる場合、何度も同じ言葉を繰り返すよりも「ここが重要だよ!」と1度だけ伝えるほうが効果的で、選手も混乱することなく力を出しやすくなります。

できれば、弱点について話しながらも、結果的には選手を良い気持ちにさせるのが良いでしょう。ネガティブなままではなくポジティブにもっていくことが、正の連鎖を生むきっかけになります(70頁参照)。

もう1つは、指摘したことに対する解決方法をコーチがしっかりと示して、良い方向に導くことです。「ここはこうだ」と繰り返すのではなく、「こうなったらこうしよう」と、予測されることまで伝えてあげるのです。

そうすることで、ネガティブに偏《かたよ》りがちな意識を正の方向にもっていくようにします。

いいか1回だけ言うぞ
1回だけだからな!
2度は言わないぞ
1回で聞けよ
ほんとに1回こっきりだぞ
・・・・

[Lesson] 27

ミーティングでは、ある程度自由に話し合ったほうが良い案が生まれやすい

POINT

“雑談力”を活かすために自由な環境をつくりつつ、テーマから外れないようにコントロールする

テーマから大きく外れたまま話し合いが進んでしまうことがある

ある女子サッカーチームのミーティングを見ていたときのことです。

進行役のキャプテンが「これから来週の試合に向けての戦略について話し合います」とテーマを断ってスタートしました。

ミーティングが順調に進んだところで、ある選手が「Aさんの足の使い方、うまいよね」と仲間の1人をほめました。続けて「Aさんは、男子サーカー部のB君に似てるよ」と言うと、他の選手が「やっぱり。私もそう思ってた。今日パスしていたとき、そっくりだった」と発言しました。すると、「B君の技術はすごいよね」「そうだよね」とみんなが盛り上がりを見せました。

ここで、他の選手が「私は、ポジションが違うからC君がいいな」と言うと、すかさず「それは顔がかっこいいからじゃないの?」と言われ、みんなが大笑い。それからしばらくの間、男子選手の話で盛り上がっていました。

結局、ミーティングの途中から戦略の話はなくなり、完全にテーマから外れて、男子の○○君がかっこいいという雑談になっていました。このときコーチは不在で、選手のみだったため自由に話していました。私はあえて発言せず、誰がどのように修正するのかを見守っていました。

このように、ミーティングのテーマがはっきりしていても、進行するにつれて本筋から外れてしまうことがよくあります。この場合、サッカーという

自由にさせすぎると雑談になるので最低限の軌道修正をする

軸からは外れていませんでしたが、戦略というテーマからは大きく離れていました。

テーマからそれていながら話がそのまま進んでしまうのは、女子選手の特徴といってもいいでしょう。ふだんから冷静に判断できる選手が、ある程度のところで「ねぇ、テーマから外れてない?」と発言し、みんなが「あっ」という顔をするというのが1つのパターンです。

このとき、選手たちがテーマから離れていることを自覚しているかというと、「外れているかどうかまったく意識していないわけではないが、すごく意識しているわけでもない」という選手が大半です。なかには、自分が話すことに夢中で全然意識していない選手もいます。

そのまま続けていくと、どんどん脱線して肝心のテーマが曖昧になってしまいます。そうなると時間をムダにして、ただの雑談で終わってしまいます。

女性は〝雑談力〟があるので、自由に話をするほうがアイデアや発想が生まれやすいのですが、すべてを自由にさせてしまうと、あちこちに話題が飛んで収拾がつかなくなることがあります。したがって、コーチがいる場合にはテーマの方向性だけはつねに明確にすることが必要です。また、選手だけでミーティングする場合には、たまに見に行くことも1つの手段です。

こうしてみよう！

大人数でのミーティングは班ごとに分けると意見が出やすい

ミーティングには、できるだけコーチが参加したり、そばで見守るようにします。前述したように、ある程度自由にさせながら、テーマや方向性だけは明確にし、サポートすることが必要です。

また、大人数でのミーティングでは、いくつかの班をつくって、班ごとに話し合いさせるのも1つの方法です。これは、方向性がずれないようにすることと、女子選手は大人数になると本音を話さない傾向があるため、少人数化することで意見や発言をしやすくするという意図があります。班で話し合ったことを全体のミーティングで発表します。

もう1つの方法は、時間をしっかりと決めて話し合わせることです。時間はふだんも決めていると思いますが、たとえば1時間で結論を出すという大まかなものではなく、1時間のタイムスケジュールを決めさせるのです。提案に○分、議論に○分、まとめに○分など、決められた時間内に最善策を話し合うことで、雑談に流れるのを防ぐことができます。

[Lesson]
28

選手への注意や指摘は状況によって個別にしたほうがいい場合もある

だれとは言わんが
最近気のぬけたプレーが
目立つ選手がいるぞ!
おまえだよ
だれ?
5
2
7
10

POINT 選手の性格や注意する内容によっては、全員の前でなく1対1で話をするほうがいい場合もある

個別に注意するほうがいい理由はいくつか考えられる

昔もいまも変わらずによく見る光景があります。それは、試合直後に選手全員がコーチの周りに集まって、試合の総括をしている場面です。私も学生時代には毎試合後にこの総括の輪に参加して、ときには名指しで強く注意されたり、怒られたりしました。

試合を振り返って、全員に対して良かった点、悪かった点を指摘し、必要があれば個人に対して注意することは、チームにとって必要です。しかし、女子選手の心理的な部分も理解したい、真意を聞いて指導したいという場合には、全員の前よりも個別に行うほうがいいでしょう。

その理由はいくつかあります。まず、コーチが全員に対して注意をすると、「自分のことではない」と考える選手が出てきます。本当は自分も該当しているのに、コーチがあげた名前に自分が入っていないとホッとして、その後はいかにして指摘されないようにするかばかりを気にするようになります。

また、女子選手は基本的に自分に注意する人は嫌い、ほめてくれる人は好きというわかりやすい感覚をもっています。全員の前で名指しで注意されたりすると、この感覚に拍車がかかるので、個別に呼んで話をして誤解がないようにします。

さらに、コーチの〝声の大きさ〟も理由の1つです。全員に注意するときに

「みんなもそう思っているから」は逆効果なので控える

は必然的にコーチの声は大きくなりますが、その声に対して、女子選手は想像以上に〝怖さ〟を感じることがあります。

なかには、コーチが感情的に発する声や怒りのために震えを起こす選手もいます。個別に話す場合にはこのようなことは考えにくいので、怖さの回避ができて、話を受け止めやすくなります。

男女を問わず、注意をすると落ち込んでしまう選手もいれば、自分のために言ってくれていると前向きにとらえる選手もいます。受け取り方は選手の性格によって千差万別なので、コーチはその特性を加味して注意する必要があります。そういう意味でも個別に対応するほうがいいでしょう。

ここで、注意してほしいことがあります。個別に選手を注意するときよく使われる言葉に「みんなもそう思っているから」があります。みなさんも1度は使ったり、聞いたりしたことがあるかもしれませんが、これは説得力が増すどころか逆効果なので控えるようにしてください。

なぜなら、その言葉を聞くと、「多くの同意を得ているのだぞ」という強迫じみたものを感じ、選手は「みんなって誰のこと？　本当にみんななの？」と感情的になることがあるからです。また、コーチが自分の責任を転嫁しているようにも受け取れます。

※ここでいう相乗効果とは、注意される選手は仲の良い選手から指摘を受けるということに加え、仲の良い選手はコーチから言われたことを相手に伝える義務感と正義感を感じるということです。

こうしてみよう！

仲のいい選手経由で注意を伝えるという方法もある

個別に注意するときの2つの方法を紹介します。

1つ目は、直接言う方法です。選手に注意しなければならない状況はさまざまですが、たとえば練習中のグラウンドであれば、1人の選手だけに声を掛けるのでなく、1人1人に声を掛けながら(内容は何でもいい)移動し、注意したい選手のところにきたら話をするようにします。

1人1人に声を掛けるのは見せかけで、目的は注意したい選手と話すことですが、コーチは選手全員と会話することができ、注意される選手も全員の前で指摘を受けないため、どちらにとっても良い方法です。

もう1つは、注意したい選手といつも一緒にいる仲のいい選手にコーチの注意事項を伝えて、その選手から間接的に指導してもらうという方法です。

「コーチが○○だって言ってたよ。□□したほうがいいかもしれないね」など言い方はさまざまですが、女子選手は仲間意識が強いので、正義感の強い選手に頼めば相乗効果※が見込めます。

[Lesson]
29

責任感が強いので何らかの役割を与えたほうが能力を発揮する

POINT
役割をつくって責任意識とモチベーションを上げ、チーム力アップにつなげる

“役割”をつくることによって1人1人の意識レベルを上げる

私が関わっていたあるチームでの話です。その頃チームの成績は芳しくなく、選手それぞれが悩みを抱えているような状態でした。

どうしたらチームの成績が良くなるかを考える日々でしたが、責任を重く感じて、真剣に対処しようとしているのはキャプテンと副キャプテンだけでした。他の選手は認識してはいるものの、〝私たちはその他大勢〟という感じで、意識の違いは歴然でした。

そんななかで、キャプテンがポジションごとの責任者(リーダー)をつくろうと提案しました。じつは、これはコーチが思いついてキャプテンに任せたのですが、チームの意識レベルを向上させることと、各ポジションの連携を強化することで、全体的な力の底上げを図るというのが目的でした。

各ポジションのリーダーを決めて、ポジションミーティングが行われ、そのあと全体での話し合いが行われました。その結果、ポジションどうしの擦れ違いが明らかになり、次のような問題も浮上してきました。

◎ポジションが違うのに、全員がまったく同じ練習をする〝全体練習〟が必要なのか?　意味はあるのか?

◎ポジションごとに練習メニューを変えた場合、チームがバラバラになってしまわないのか?

女子選手は自分の役目をきちんと果たそうとする

これらは、ポジションごとのリーダーを決めてミーティングをしなければ、真剣に話し合われることのなかったテーマでした。これをきっかけにして、あるポジションが別のポジションについて指摘したり、それについて全員で話し合うなど、新しい動きも見られるようになりました。

女子選手は相手に対してなかなか本音をはっきりと言うことができないので、最初は意見を言い合うことに戸惑いもありましたが、チームを良くするためのミーティングであることを伝えた結果、きちんと意見を言える環境をつくることができました。

その後、このチームは、お互いの役割をそれぞれの選手が認識し、チーム全体のモチベーションや責任意識が上がり、個々のレベルアップにも影響が出てきました。

人間は、役割を与えられることで、自分は期待されていると感じたり、失いかけていたやりがいを再認識することができますが、この傾向は女性により強く感じられます。女子選手が自分の役割を与えられると、それを全《まっと》うしようと努力するのは、献身的な女性特有のものであるように思います。

ここではポジションリーダーの例をあげましたが、それ以外にも役割を与えて1人1人の責任意識を高め、チーム力を上げていくことが望まれます。

こうしてみよう！

全員に役割を与えて週替わりでローテーションする

責任意識を高めるために、チーム全員に役割をもたせて、週替わりでローテーションしていくという方法があります。

たとえば、キャプテンを除いて、前述したようなポジション別のリーダー、リーダーの補佐役、ボール当番、データ分析担当者などが考えられます。

全員に役割を与えるわけですから、当然目立たない脇役のようなものもありますが、役割の重要さに差はありません。そのことについて、コーチがしっかりと伝えておく必要があります。

また、自分の役割をきちんと果たしている選手を見かけたら、きちんと評価することも大切です。「ありがとう」「お疲れさま」など一言伝えるだけでもいいので、「ちゃんと見ているよ」ということがわかるようにします。

そうすることで、チームのなかでの存在意義ややりがいを感じて、「もっと良くしていこう」という思いが芽生えてきます。

[Lesson] 30

本音を知りたいときは“YESかNO”で答えられる質問がいい場合がある

POINT 抽象的な問いは苦手なところがあるので、状況を見ながら質問のしかたを工夫する

抽象的な言葉の問いかけには戸惑ってしまうことがある

知り合いのコーチに興味深い話を聞きました。

あるとき、チームの中心選手に「今後、自分たちはどうなっていきたいと考えているんだ？　そして、いまのチームに必要なものは何だと思う？」と聞いてみたそうです。

すると、「どうなっていきたいってどういう意味ですか？」と逆に聞き返されたうえに、「チームに必要なものですか、うーん、どうなのでしょう」と曖昧な返事をされて、話が前に進まなかったそうです。

そこで今度は質問を変えて、「全国大会に出場したり、日本代表選手になりたいと思うか？」と聞いてみると「はい！」と答え、さらに「選手どうしで戦略について細かくコミュニケーションをとっているのか？」と聞くと、「いいえ、あまりコミュニケーションはとれていません」という答えが返ってきたということです。

すでにおわかりのように、あとの質問は、最初の質問の答えを誘導するために焦点を絞って問い直したものですが、そうすることによってはっきりとした返答が得られたということになります。

女性は相手に本音を伝えるとき、抽象的な言葉を使う傾向がありますが（162頁参照）、逆に相手が自分に向かって抽象的な言葉を使って質問した場合には、返答に戸惑ってしまうところがあります。矛盾するようですが、これは女子選手の特性の1つです。

したがって、何か重要なことに関して選手の意見を聞きたい場合や、本人の意思をきちんと確認したい場合には、「○○についてどのように考える？」というような漠然とした問いを投げかけるのではなく、「1番か2番か？」「AかBか？」「YESかNOか？」などの答えの選択肢を絞った質問をするようにします。

選択肢が狭まった質問なら本音を答えやすくなる

なぜなら、答えの選択肢が少なければ答えやすく、自分の意見を言いやすいからです。また、選択肢が狭まっていれば、本音を言いやすい状況が整っていると感じることができます。

ただ、選択肢のなかから答えを出すとき、自分が「これだ」と思うものを選ぶ場合はいいのですが、質問した相手はどう思っているのだろうと考えて、それを元に自分の答えを決めたり、一時的な感情から返答することがあるので、そのへんの見極めをしっかりする必要があります。

また、男性のほとんどは答えを言ったうえでその理由を述べますが、女性は本音(答え)より先に動機づけ(理由)から説明しようとするところがあるので、この点についても留意してください。

こうしてみよう！

本音と建前を考慮して適切な選択肢を用意する

ここでは、女子選手の答え（本音）を引き出すコツをお教えします。

1つの方法は、項目のタイトル通り「YESかNOか」の二択で答えを促すことです。二択にしたにも関わらず答えが得られない場合は、選択肢が的を射ていないということなので、選手の建前も本音もすべてを考慮しながら、消去法を用いて選択肢を狭めていきます。

その際のコツは、決して「早く答えを出しなさい」と言葉の圧力をかけたり、強制的に言わせようとしないことです。

もう1つは、本当に聞きたい質問の前に1クッションを入れる方法です。たとえば、コーチがランニングのメニューとしてAという練習を増やしたいと考えた場合、直接その答えを得るための質問をするのではなく、「いまの体力で十分だと思うか？」という質問を1クッション入れてから、本題の「ランニングのメニューとしてAとBのどちらがいいか？」と聞くようにします。こうすると、本音を聞きやすくなります。

そうなんですけど
やっぱり ちがうっ
ていうか
よくわからない
なぁ

[Lesson] 31

グループをつくりやすく そのなかでの集団心理に 流されやすいので注意する

POINT 集団心理に流されることのないように、できる限り本音を言いやすい状況をつくる

集団心理によって自分の意見を言いづらくなる

私が現場に立っていて気になるのは、チームで何かを選んだり、決めなければいけないときに見られる光景です。候補を最終的に2つまで絞り込み、意見を言い合った末、多数決という流れになると、チームのなかにいくつかあるグループ内で似たようなことが起きます。

少し前にも、こんなことがありました。4人グループのなかの1人が「AかBなら絶対にAだと思う。Bは何か物足りない」と言いました。別の1人の選手は、それを聞いた瞬間に「えっ?」という顔をしました。明らかに反対という顔です。

しかし、彼女以外の3人が「Aが良い」と主張し合い、最後に「どっちが良いと思う?」と聞いたところ、彼女は「私もAが良いと思う」と答えたのです。

彼女は、本来Bが良いと思っていたのに、「みんながAと言っているからAにしよう」という結論を出した。これが集団心理が引き起こす1つのパターンです。

集団心理とは、少し難しい言い方をすると、静態的(ものが静止している状態)、固定的な心理や意識ではなく、不安定で変化しやすいものということになりますが、結果として自分の意見を述べたり、反対の意義を申し立てることを避けて、ムリをしてでも自分の意見を抑えて他の人に合わせてしま

集団心理は“大勢なら大丈夫”という過信に結びつきやすい

うようになります。

そうなってしまう一番の理由は、女子選手がグループをつくりやすいのと似ていて(166頁参照)、自分は寂しい人間だと思われたくない、みんなと同じ意見のほうが安心するという思いがあるからです。

先の例の場合、仮にコーチが「君はこっちの意見ではないのか?」と尋ねたとしても、きっと彼女は「いいえ、Aだと思います」とみんなと同じものを選んだことでしょう。

頭のなかでは、「自分の本当の意見はコーチと同じだ」と思いつつ、「みんなと違う意見を言うのは気まずいから同じにしておこう」となるのです。

これが集団心理の怖い点で、相手(仲間)がいることに影響されて、自分の意見や反対意見を言えない状況に陥り、さらに大勢なら怖くないという過信が生まれるようになります。

コーチとしては、選手が自分の気持ちとは違うことを言っている、あるいは自分の意見を言えない状況だと感じた場合には、「自分の意見はどうなの?」「こちらの意見に賛成なのでは?」など、選手が本音を言いやすい状況をつくるようにします。それによって集団心理に流されるのを防ぐことができます。

こうしてみよう！

グループのチェックを厳しくして行きすぎた集団心理を防ぐ

女性はグループ内の意見に同調しやすく、集団心理に陥りやすいので、コーチはグループをよく観察することが必要です。

選手の態度に気をつけて注意深くチェックし、そのグループから誰かが外れたり、仲間外れになるなどの変化が見られた場合には、その選手に声を掛けたり、個別に話をするようにします。

こうして行きすぎた集団心理の芽を摘むことが、仲間外れやいじめの防止にも役立ちます。

もう1つは、グループになっている選手たちを引き離してバラバラにする方法です。こうすることで集団心理に流されるのを未然に防ぎ、個人の意志や判断を促すことができるような環境をつくります。

これは、練習前の準備運動のときに実行するのが良いでしょう。167頁で、女子選手は引き離してもすぐにくっつくのでムリに離そうとしなくていいと述べていますが、ここでは集団心理に流されることを防ぐために引き離すようにします。

[Lesson] 32

自分を過小評価して控えに回ろうとすることがあるので注意する

POINT 試合に出ることを怖がる選手は、自信をつけることで成長させるしかない

ミスをしたら困るという恐怖心が試合出場をはばからせる

あるとき、コーチから試合の出場選手が発表されました。メンバーに選ばれたにもかかわらず浮かない表情の選手がいたので、「どうしたの？　明日、試合だね」とさりげなく声を掛けてみたところ、その選手は、「私は自分が選ばれたことを申しわけないと感じています。自分がミスをして迷惑をかけたら悪いので、試合には出たくないです。他の選手に出てもらってくださいとコーチにお願いしました」と言ったのです。

本来、選手は試合に出たくてたまらないもので、出たくない人なんていないと思っていました。それなのに、チームのために自分が試合に出るのは適していないと判断する選手がいたことに驚きました。

そのとき私は、「チームのためと言っているけれど、自分に自信がないのではないか。自分の気持ちのなかで、試合は楽しいところだったはずが、いつの間にか怖いところに変わってしまったのではないか」と感じました。つまり、選手にとって目標だったはずの〝試合出場〟を、〝怖さ〟が打ち消してしまったのではないかということです。

チームのことを最優先するのは、選手ではなくコーチの仕事です。コーチがあえて負けるような人選をすることは考えられないので、その選手を選んだのはチームが勝つために必要な戦力だと判断したからです。にもかかわら

「本当は試合に出たい」という自分の本心に気づかせる

ず、本人は控えに回りたいと希望している……。

このできごとがあってから、選手自身の闘争心の育成や、選手1人1人に自信をもたせることがいかに重要であるかを痛感しました。

仮に、コーチがその選手の申し出を受け入れた場合、その選手は一時的に納得できるかもしれませんが、スポーツ選手としては成長しなくなりますし、いずれ自分を追い込んでしまうことになるでしょう。

ここで大切なことは、本当の自分に気づかせてあげるということです。〝本当の自分〟とは、心の奥底には「選手として試合に出たいという気持ちがある」という自分です。

私の経験では、このようなタイプの選手は、競技に限らず人間関係においても、自分のことよりも人のことを優先しがちです。たとえば、「AとBどちらがいい?」と聞かれた場合、「どちらでもいいよ」または「○○さんが良いほうを選んで」と、自分では決めずに相手に決めさせたりします。

性格といってしまえばそれまでですが、自分の意志を抑えてばかりいると、最後には自分の心が折れてしまいます。そして、自分がどうしたいのかがわからなくなり、自分でものごとを判断することができなくなってしまいます。そうなることのないよう、選手の可能性を信じて励ますことも必要です。

自分自身の良いところを本人に発表させてみる

自分を過小評価しがちな選手に対しては、自分自身のすぐれたところを発表させてみます。自分で自分の良いところを発表することでそのことを自覚させ、みんなに伝えることで自信をもたせていくのです。

選手は、発表するにあたって自分と向き合う時間ができるため、否定的な気持ちを改善することができます。練習後、日替わりで選手に発表させても、ミーティングの際順番に発表させてもいいでしょう。

もう1つは、チームメイトに自分のことをほめてもらう方法です。自分が良くないと思っているところが、チームメイトから見たら良いところだということもありますし、自分の気づかないところを指摘してもらえば、新たな強みとして伸ばしていくこともできます。

具体的には、練習前にコーチがペアを決め、練習中に双方の良いところを3つ見つけ、それを練習後お互いに伝え合うという方法。また、4人で1つのグループになって、1人の選手の良いところをどんどんほめていくという方法もあります。

[Lesson]
33

体調の変化を察知し それを気づかうことが 精神的な助けになる

なんだ
あんなところで
休んで…またランチの食べすぎか？
ちがいます!!
COACH

POINT 生理など女性特有の体調変化があるので、指導には細心の注意を払う

女性特有の悩みは男性のコーチには言いづらい

ある選手と練習の合間に話をしていたところ、徐々に様子がおかしくなり、お腹を抱えて前かがみになったと思ったら、座り込んでしまいました。私が「どうしたの？　大丈夫？」と聞くと「いま生理中で……、お腹が痛いんです」とのこと。

私が「ムリをせず、少し休んで落ち着いてから練習に戻ったらどう？」と提案しましたが、その選手は、「コーチに『生理なので動けません』とは恥ずかしくて言えません。それに、言いわけだと思われるのは嫌だから」と言って、重そうな身体を引きずるようにして練習を再開しました。

これと同じようなことは何度か経験していますが、どの選手もムリをして練習を続けていました。その背景には、「コーチにはきっとわからないだろう」という思いや、「正直に言っても、いいわけだと受け取られかねない」という恐れがあるのでしょう。このような場面に遭遇するたびに、女性特有の悩みについては男性コーチに言いづらいということを痛感します。

男性コーチの多くは、女子選手が理由もなくイライラしているのを見て、不可解だと感じたことがあるかもしれません。

私なりに生理のときの感覚を表現するなら、約1週間連続で1日に5～6回ほど献血※を行いながら練習するというイメージです。本調子からはほど遠

※体内でつくられた血液が体外に出ていくことを献血にたとえたのですが、血液の量が献血5～6回分ということではないのでご注意ください。

天気や気圧の変化が体調に影響することもある

い身体を抱えて、休憩することなくランニングや練習メニューをこなし続けるという感じです。

女子選手は、生理中に激しく運動することで貧血を起こしやすくなったり、身体がだるくなったりすることがありますが、このたとえ話から何となくおわかりいただけるのではないでしょうか。

ここまで生理について述べてきましたが、女子選手は生理だけでなく、天気や気圧によって体調が変化しやすいということがあります。選手によっては、気圧の変化で以前ケガをしたところ(たとえば、ヒジやヒザなど)が痛くなる場合もあります。

このような体調の変化にコーチが気づかないままでいると、我慢が続くことでプレーにムリが生じて、身体のどこかを痛めてしまう可能性があります。また、体調の変化を無視してコーチが怒ったり、ミスを指摘したりすることで、ただでさえ生理で気分が落ち込みやすく、イライラしがちなところにさらに精神的な追い打ちをかけることになります。

だからこそ、コーチが選手の体調変化を察知して、言葉をかけたり、気づかいを見せると、女子選手にとって自分からは言いにくいだけに効果的な手助けになります。

こうしてみよう！

“体調管理表”で自分の体調変化の周期を把握する

コーチが選手の体調変化に注意を払うための１つの方法として、〝体調管理表〟を提案します（172頁参照）。すでに管理しているチームがあるかもしれませんが、体重や体温、生理期間中の気分の変化など、意識と身体のバランスを月単位で見ることができます。コーチも選手の１か月ごとの変化がわかって、体調をくずす兆候などをつかんでおくための１つの指針になります。

170頁のストレス度合いチェック表とあわせて使うと、選手の変化を知るための資料として有効です。

もう１つの方法は、選手が〝自己申告〟しやすい環境をつくることです。

練習前にコーチが選手に対して、「今日調子が悪い人いるかー？」とか「さぼりや甘えの申告は禁止だが、練習したいけれど体調があまりよくない選手は、自分でしっかり体調管理するためにも申告しなさい」と伝えます。

このようにして、選手が言いやすい環境をつくっていきます。

選手たちの帰宅を確認するまでがコーチの仕事と心得る

女子選手の多くは、練習が終わってもすぐには帰宅せず、教室や更衣室などで雑談に盛り上がることが多いようです。

とくに練習がハードで過度なストレスがかかったあとなどには、それを解消するかのように話し続ける傾向があります。その話の内容も、練習や競技にはまったく関係のないことが多く、そうなると帰宅時間がどんどん遅くなってしまいます。

話をすることはストレス発散になるので、たまにならいいのですが、毎回毎回というのは考えものです。なぜなら、練習で疲労した身体を家に帰って入浴したり食事をすることで休ませてあげたいからです。自分1人の時間をもつことで、精神的に安らぐことも大切になります。

そんなこともあって、コーチには練習が終わったら「はい、自分の仕事はこれで終わり」というスタンスではなく、「選手たちが帰宅するまでが自分の仕事だ」という意識をもっていただきたいと思います。

だからといって、選手たちが話し込んでいるところに飛び込んで、「早く帰れ」と怒鳴ったりしたら逆効果です。それは、練習でストレスがかかっているうえに、コーチが叱ってさらに負荷をかけてしまうと、とりあえず帰路にはつくものの、途中のカフェなどに寄り道をして、さらに話が加速する危険があるからです。

そうならないためにも、笑顔で「そんなに話を続ける元気があるなら、まだまだ練習できるね」とか「そんなに話したいなら競技について一緒に話そうか」と伝えてみましょう。すると、選手たちは慌てて「そろそろ帰ろうと思っていたところです」と言いながら帰宅するはずです。

大切なのは叱ることではなく、選手に「帰宅しよう」と思わせることです。適度にストレス解消のおしゃべりをさせたあとに、コーチの言葉がちょうど話を切り上げるタイミングやきっかけになるようにすることが重要なのです。

第4章

知っておきたい！女子選手の傾向

Coaching of the female athlete

いいか！
1+《プラス》1は
必ず2だ
積み重ねが
大事ということだ
でも、
それが0《ゼロ》になる
ことだって
あります!!

Lesson
34

男子選手は理屈で相手に伝えようとし女子選手は感情で訴える

「女性は感情的である」とはよく言われることですが、じつはそれを表に出そうとしないため、内面に秘めた思いには強いものがあります。

また、男性に比べて切望感（切実に望むこと。心から強く望んでいること）が強く、強い信念をもっているともいえます。

男性が女性を説得しようとする場合、たいていは「○○すると良い理由は、□□だから」というように論理を組み立てて自分の意見を述べます。

一方、女性の場合は「ですから、これが良いと思うからこれが良いんです」と、理屈抜きの直感的なものの考え方で不思議と話が通じてしまうことがあります。

コーチが女子選手と話をする場合は、感情的にならず冷静に対処することを心がける必要があります。

女性は感情的になると、理屈なしに自分の気持ちを訴えてきます。これをコーチが同じように感情的に受け止めようとすると、相手は自分のことは棚に上げて「コーチが怒っている、怖い」という印象でしか受け止められなくなります。

そう感じた段階で、選手は話の内容のほとんどを聞いていないのですが、これは、自己防衛のために相手の話を聞かず、受け流してしまおうとするからです。

では、感情的になった女子選手に対して、コーチが理屈で抑え込もうとした場合はどうでしょうか。

この場合も、「コーチの言うことはわかっていますけど、でも○○だから」となって、客観的に対処することは難しくなります。

下手をすると、「融通が効かない、選手の気持ちを汲みとれないコーチだ」ということになりかねないので注意が必要です。

こうしてみよう!

女子選手が感情で訴えてきた場合は、とにかく相手の言うことを否定せず、ある程度冷静になるまで話をさせることがポイントになります（参考までに、怒りの感情は2時間以上も持続するという話を聞いたことがあります）。

みなさんのなかには、「感情的になるのは人間としてみっともない」と考えたり、「子供っぽい行為だ」と感じる人がいるかもしれません。

ある意味これは正論ですが、仮にこれらのことを相手に訴えかけたとしても一蹴されて、何の効果もないでしょう。

女性は「みっともないと思われても、ここは絶対譲れない！」と感情を優先させます。それならば、一度その選手がやりたいようにさせてみるのも1つの方法です。

状況にもよりますが、前もってリスクについて断ったうえで思ったとおりにやらせてみるのです。

そして、自分の主張を押し通した結果どうなったのかをきちんと検証します。仮に良い結果が出なかった場合には、コーチは感情的になることのデメリットについて選手にしっかり伝えるようにします。

女子は全体的に
記録のびてるよな
コーチは
足の小指の爪
のびすぎ
ですね
いいじゃ
ないか

Lesson

35

男子選手は大枠でとらえ、女子選手は細部に反応する

たとえば、練習メニューのなかに苦手なランニングがあったとします。男子選手はメニューに書かれた〝ランニング〟という言葉そのもの(大枠)に対して反応しますが、女子選手はランニングという大枠よりもランニングの〝本数〟に反応します。

また、コーチが選手に対して「ウォーミングアップを進めておいて」と指示したとします。

男子選手は、「ウォーミングアップは毎回やっていることだから、いつもどおりでいいな」と考えます。

一方、女子選手は「いつもどおりでいいのだろうか?」と考えます。つまり、具体的なことがわからないと疑問(不安)を感じ、すべて確認したい、細かく把握したいという思いが強いのです。

次は、私が現場で見た光景です。

ある水泳クラブ(男女混合)の練習前に、コーチが「フィン(足ひれ)が必要だから用意して」と言いました。それを聞いた1人の女子選手が「コーチ、フィンが必要なのですね」と繰り返し聞いたところ、コーチは「俺の話を聞いてなかったのか？　いま言っただろ！」と怒ったのです。

私はすぐそばにいたので、その選手が聞いていなかったわけではなく、指示の〝確認〟をしたかっただけなのだとわかりました。

コーチからすると、なぜそこまで細かく説明しなくてはいけないのかと思われるかもしれませんが、わかってはいても、できればもう1度〝確認〟したくなるのです。

コーチに限らず、男性は言ったことに対して1度で理解をしてほしいと考える傾向がありますが、女性の場合は確認をしたいものなのです。

こうしてみよう！

女子選手が細部に反応することも、男子選手が大枠でとらえようとすることも、どちらもスポーツにおいては必要な要素です。

たとえば、女子選手が細部に反応するのは、個々の選手のクセを見つけることに結びつきますし、男子選手がものごとを大枠でとらえようとするのは、試合の流れをつかんだり、視野を大きくすることにつながります。

女子選手が実力の幅を広げるためには、細部に反応しやすいという特性を踏まえたうえで、大枠をとらえる力を伸ばせばいいでしょう。

そのための主なトレーニングとしては、次の3つが考えられます。

① 本を読んで要約する（憧れの選手の著書の一節、国語の教科書の一項目など）

② 決められた時間内に簡潔に話をする（ミーティングのときなどに1人1人順番に）

③ 映像を利用する（動きのある映像を早送りや倍速にして見て、大まかな流れをつかむ）

これらのトレーニングをすることによって、大枠をとらえる力を養います。

Lesson

36

男子選手は技術について女子選手は人間性について認めてほしい

ゴリラより
激しいパンチ
イノシシにも
負けない突進力
きり返しの素早さは
山・ネズミだな
人間
としては
どうなんですか

女子選手は、コーチに対して「自分は選手であるけれど、1人の人間としても評価してほしい」という思いを抱いています。

コーチと選手という関係性を重んじながらも、「自分の人間性を重視してほしい」という思いが強くあるのです。

言い換えるなら、自分にしかできないこと、自分にしかないものを、スポーツを通じてコーチに認めてほしいと考えているともいえます。いわゆるナンバーワンよりオンリーワンを重視する考え方に近いかもしれません。

女子選手のこのような特性の裏には、自分で自分自身のことをほめられない、認め切る自信がないということがあるかもしれません。だからこそ、自分ではなく他の人に「ほめてほしい」「認めてほしい」と要求するわけです。

また、コーチに技術だけをほめられても、「いまはたまたま自分のことを認めてくれているけれども、同じような技術(力)をもった別の選手がチームのなかに出てきたら、自分でなくその人でもいいということになるのではないか? 自分でなければならない必然性はどこにあるのか?」と考えてしまうということもあります。

このような特性を考慮すると、女子選手のやる気を刺激して実力を伸ばすためには、「技術的なことだけでなく人間性の部分までほめる」のが効果的だということがわかります。

なお、男子選手の場合は、反対に技術的なことに関してほめてほしいという傾向が強いので、人間性のことではなく技術面に特化して認めてあげればいいでしょう。

こうしてみよう!

女子選手の特性を踏まえて、モチベーションをアップさせるためには、「練習以外のところまできちんと見て、的確にほめるようにする」ということが考えられます。

たとえば、ある女子選手が廊下などに落ちているゴミを拾っているのを見た場合、練習中にその選手に「ゴミを拾っているのを見かけたよ。そういうところがプレーに表われているね」と言ってほめます。練習以外で見かけたことを〝人間性の良さ〟として認めてあげるわけです。

また、グラウンドや練習場の清掃を積極的にやらせていくという方法があります。

選手たちが清掃するかどうかはもちろん、用具の扱い方や片づけなどについてもチェックして、きちんとできていたらほめるようにします。

選手のなかには、自分のものは大切にするけれど、学校や施設のもの、他人のものは雑に扱っても構わないと考えている人がいます。そんな選手を改めさせるためにも、また、選手たちの人間性を育てていくためにも良い方法です。

Lesson

37

男子選手は競争がマイナスに、女子選手はプラスに作用することがある

やったぁ
3位だ
表彰台
上がったよ！
チクショー
なんで銀なんだ！
1
2
3

練習のなかには、技術を競い合う種類のものがあります。たとえば、バスケットボールなら1分間に何本シュートを決められるか、サッカーならリフティングの回数、バドミントンならスマッシュを決める回数などです。

このような練習を数人のグループを組んでみると、当然勝敗が決まりますが、その結果の受け止め方には男女で差が見られます。

一言でいうと、男子選手の場合は勝ったことよりも負けたことのほうに強く反応し、女子選手の場合はその逆です。

もう少し正確にいうと、男子選手は負けたことによって「自分のほうがレベルが低い」と受け止める傾向があります。

反対に女子選手は、自分が負けても自分よりさらに下に負けた選手がいるなら、「その選手よりも勝った」という優越感を感じやすい傾向があるのです。これは個人の競争であってもチームの競争であっても変わり

ません。

この傾向は自分と他人を比較する場合、男子選手は自分よりも上のレベルを対象としやすいのに対して、女子選手は自分よりも下のレベルを対象としやすいということによります。

そのため、男子選手は劣等感を抱きやすく、女子選手は優越感を感じやすくなるのですが、傾向として前者はマイナスに作用することがあり、後者はプラスに作用することがあります。

こうしてみよう!

〝競争する種類の練習〟を数人でする場合、レベルの均衡している選手どうしのなかに、強い選手を入れて競わせるようにします。

強い選手が入ることによって、自分が優位に立てない状況をつくり出し、お互いのレベルを上げていくのです。

前述したように、女子選手は自分よりも下位の選手を比較対象にする傾向があるので、自分が下位にいるとわかれば強い選手と同じレベルまで追いつきたいと考えます。

いつも勝っている選手には勝ちグセがつき、負けている選手には負けグセがつきがちなので、ヘンな優越感や劣等感をもたないようにメンバー構成に変化をもたせて、選手のレベルに合わせた調整をするようにします。

もう1つは、競争をゲーム感覚で行う方法です。チームを組んで、自分たちの競技の好きなところをどれだけ多く書き出せるかを競います。

たとえば、バドミントンなら「白いシャトル」と書いても正解ですし、「思いっきり打てる」「スピード感がある」でも正解です。

このゲームは、前述した〝競争する種類の練習〟のあとに、〝頭のストレッチ〟として取り入れてもいいでしょう。

Lesson 38

女子選手は「○○してほしい」と思ってもはっきり言えない

次いくぞー
コーチが「ナイスキャッチィ!」ってほめてくれるまでここ動かないわよ
とったあと早く早く

女性は男性に対して何かをしてほしいと思っても、素直に言葉に出せない傾向があります。「言いたいけれど言えない」というのが正確なところで、相手に何となく気づいてほしい、察してほしいという期待も込めて、抽象的な表現になってしまいがちです。

このへんの曖昧さは、多くの場合男性には通じないため、女性からするとその男性の態度に突き放されたような、冷たくあしらわれたような感じを受けてしまいます。

これはスポーツの現場でもいえることで、女子選手が男性のコーチに〝それとなく気づいてほしい〟という態度をとった場合、その真意がなかなか伝わらないため、選手は「逆の立場だったら自分はそんな対応はしないのに」とがっかりしたり、不満を感じてしまうことになります。

女子選手の気持ちを100%理解しろといってもムリかもしれませんが、この〝素直に言えない〟という特性を知っておくだけでも選手への接し方が違ってくるはずです。

自分の気持ちに「気づいてほしい」と感じている場合には、必ず何らかのサインが出ています。抽象的な言葉を使うこともそうですし、何となく曖昧な態度でそれらしい言葉を発することもあります。

「○○してほしい」という願いは、欲求でもあります。生理的欲求（生きていくために必要な欲求）とは違って、他人から認めてもらいたいという〝承認欲求〟であると言えます。

こうしてみよう！

ここでは、〝○○してほしいゲーム〟を紹介します。これは、してほしいことを身振り手振り（ジェスチャー）を使って演じ、他の人がそれを当てるというゲームです。

ジェスチャーする人は、自分のしてほしいことを紙に書いてから始めます。

時間は3分程度で、①いつ（When）、②どこで（Where）、③誰に（Who）、④何を（What）、⑤どのように（How）、⑥してほしい（Want）の順番で演じます。

たとえば、「練習のあと、グラウンドで、コーチに、ボールを、思いっきり、投げてほしい」という感じになります。

コーチはここで選手の欲求を感じ取り、今後の指導に活かしていきます。

もう1つは、自分がしてほしいと思うことを、チームメイトに対して積極的に行い、相手の行動を促すという方法です。

たとえば、いつもボール集めをしない選手がいた場合、自分が率先して実行したあと「○○さんの分まで集めておいたよ。次は一緒にやろうね」と声を掛けるなど、自分がしてほしいことをまずは態度で示して、あとから言葉でやんわりと伝えるのです。

Lesson
39
女子選手はつねに余力を残しながら練習している

「つねに余力を残しながら」という表現をすると誤解を与えるかもしれませんが、選手が精一杯頑張っていることを前提にしての話です。

〝余力〟というのは、たとえば「練習が終わったらテレビを見たいから早く家に帰ろう」とか「帰りに友達と甘いものを食べに行こう」と考える余裕があるという意味です。

もちろん、練習中ずっとそのことを考えているわけではありませんが、女子選手の場合、目の前のプレーに集中しながらも考えているときがあるのです。女性は、同時に複数のことをこなす能力にすぐれているということも関係しています。

また、練習中に「もうできません！」「これ以上はムリです」と言って、弱音を吐く選手がいます。ほんとうに限界の選手もいるかもしれませんが、実際はまだ余力があるけれども「自分は女だから」という意識がどこかにあって、甘えて自分を守っているためにそのような言葉が出てくることもあるように思います。

私が学生のときは、コーチに対して「できません」とは怖くて口が裂けても言えませんでしたが、最近は見かけるようになりました。

さらに、女子選手は自分がみんなを引っ張っていくのは苦手だけれども、他の人に引っ張ってもらうのは好きだという傾向が強くありますが、これも練習に余力を残す1つの要因といえるかもしれません。

こうしてみよう！

余力を残すのは、別に悪いことではありませんが、いまよりもさらに頑張ってもらうための方法が2つ考えられます。

1つは選手にライバルをつくらせて、レベルが均衡している選手どうしで競争させる方法です。競い合う相手もなく、自己満足で練習している選手が意外に多いので、ライバルと張り合わせて余力を出し切ることに結びつけます。

もう1つは〝憧れの選手〟を見つけて、その人を追いかけさせる方法です。

まずは、選手それぞれに憧れの選手を見つけさせます。そして、その選手がどんな練習をどのくらいの量こなしているかを調べさせます。そうすることによって、自分はまだまだ練習が足りないのだと選手自身に気づかせ、自身の練習を見直すきっかけとします。

この方法は、「自分はもっともっとやらなくてはいけない」と意識させることが真の目的ですが、憧れの選手が見つけられて、その人に一歩でも近づきたいと思うと、女子選手は労力を惜しまないところがあるので有効です。

〝気づく〟ということは何においても大切なことですが、これをコーチが選手に押しつけてやらせたのでは意味がありません。

はじめはコーチが手を差し伸べてあげて、その先は選手に任せます。その意味で、憧れの選手を追いかけることはとても効果的といえます。

Lesson

40

女子選手は苦しいとき1人よりも仲間と一緒に乗り越えようとする

女子選手の練習風景では、たとえウォーミングアップであっても1人で黙々と……という姿を見るのはまれです。たいてい2人以上で、仲良く行動を共にしているのがふつうです。

それは、「1人だと仲の良い仲間がいなくて寂しい人に見られてしまうのではないか」とか「1人では自信がない」という気持ちがあるからです。

そこには、仲間への依存心、他人から見た自分の印象や評価を過剰に気にする傾向が浮き彫りになっています。

また、冷静に考えるなら、「誰からも好かれる」ということは現実には難しく、ときには1人でいることがあっても当然なのですが、そういうことよりもまずは安心感がほしいのです。

これは極端な例ですが、選手のなかには「怖いから手を握っていて」と言って、仲間に手を握っていてもらうだけで一時的に不安を解消して、気持ちを保っている選手もいます。

女性は生まれつき子供を生む機能を備えているので、自分が子供を生める身体をもっていると自覚したとき、意識的、また無意識的に自分以外の人と時間を共にしていくのだという〝共存意識〟が強くなるのかもしれません。

コーチのなかには、練習中も仲良くしていることを嫌って、その選手どうしを引き離そうとすることがありますが、女子選手の場合、離れてもまた自然にくっつくものです。

ムリに引き離そうとするよりも、仲が良いことを理解したうえで、それを活かす方法を考えたほうがいいでしょう。

こうしてみよう!

たとえば、仲のいい選手どうしの特徴や傾向を踏まえて、その選手たちを一緒にしたままで選手をグループに分け、グループどうしで競争させながら目標を達成させて、チーム力アップを図っていきます。

グループ分けは、毎日変更することも可能ですが、最初はコーチ主体で決めて、その後は選手が主体で行うといいでしょう。

ポイントは、グループの人数を奇数ではなく、4人、8人などの偶数にすることです。

というのは、仮に3人にした場合、1人と2人に分かれてしまうことがあり、1人になった選手が「自分は仲間外れにされた」とか「無視された」など、悲観的に感じる可能性があるからです。つまり、グループ内でのさらなるグループ化を回避するために偶数にするのです。

グループ分けをしたら、〝速さ〟を競わせるという観点から、たとえば数本の15メートルダッシュをしてタイムを計り、チームどうしで合計タイムを競い合います。

また、チーム内の〝仲間意識〟という観点であれば、一定の時間内でどれだけの量を走れるかという量比べによって競争してもいいでしょう。

ものごとを1つの視点や可能性からのみ判断しない

いくつもの現場を経験してきて強く思うのは、コーチが「あの選手は真面目な性格だけれど、必要以上に考えすぎてしまうところが欠点だ」とか「この選手は口ばっかりだ」という具合に“言い切る（断定する）”ことが多いということです。

もちろんそれが当たっていることもありますが、仮に言い切った内容がコーチの誤解であったり間違っていたとしても、それを改める機会があまりないように思います。

言われた選手にも、特徴や良いところはまだまだたくさんあるはずなのに、コーチが「この選手はこうだ！」と決めつけた瞬間に、選手に対するコーチの視野が非常に狭くなってしまうのです。

多くの場合、自分は相手を十分に理解しているという気持ちの裏返しとして「○○はこうである」と断定していると思うのですが、できることならそれをあえてゼロに戻して、何もない状態からもう一度選手を見てほしいと思います。

たとえば、「この選手は練習を適当にやる選手だ」とコーチが断定していたとしたら、練習のときには意識してその選手の良いところをどんどん探すようにします。

このとき注意したいのは、それまで得ている情報は「この選手は練習を適当にやる選手だ」ということの理由づけにつながるので、それを消しておく必要があるということです。

これは突き詰めていくと、コーチのもっている情報や私情をまったく入れないで選手1人1人の“素材”を見るということにつながります。

これを繰り返すことによって、最後の最後まで選手1人1人を広い視野で見続けることができるのだと思います。

ストレス度合いチェック表

名前：＿＿＿＿＿＿＿＿＿＿

次の１から30までの質問について、「はい」か「いいえ」のどちらかを○で囲ってください。

１：最近、あまりよく眠れない	はい・いいえ
２：食欲がなくなった	はい・いいえ
３：頭痛や腹痛など体調が良くない	はい・いいえ
４：身体が疲れるより精神的に疲れる	はい・いいえ
５：時間と人に縛られている感じがする	はい・いいえ
６：自分は人に好かれていないと感じる	はい・いいえ
７：人に気をつかって自分の意見が言えない	はい・いいえ
８：みんなでいるより１人がいい	はい・いいえ
９：自分に自信がない	はい・いいえ
10：悩みがあるとずっと悩んでしまう	はい・いいえ
11：決めたことは必ずやり通す	はい・いいえ
12：やらなければいけないことがあってもやれない	はい・いいえ
13：将来に不安を感じている	はい・いいえ
14：夢や目標がない	はい・いいえ
15：未来のことより過去のことを考えてしまう	はい・いいえ

16：何をするにも面倒でやる気が起きない	はい・いいえ
17：何をしても楽しくない	はい・いいえ
18：うっかりしたミスが増えた	はい・いいえ
19：ささいなことでクヨクヨする	はい・いいえ
20：負けず嫌いである	はい・いいえ
21：イライラすることが多い	はい・いいえ
22：注意力、集中力が低下したと感じる	はい・いいえ
23：最近、笑う回数が減ったと感じる	はい・いいえ
24：自分の気持ちを抑えることがある	はい・いいえ
25：困ったときに話せる人がいない	はい・いいえ
26：何だか気持ちが落ち着かない	はい・いいえ
27：人に会ったり、外出するのが面倒	はい・いいえ
28：もっと自分はいろいろなことができると思っている	はい・いいえ
29：自分の性格は明るいと思う	はい・いいえ
30：自分を客観的に見ることができる	はい・いいえ

■評価基準

◎“はい”の数が10個以下……標準

◎“はい”の数が15個前後……ストレスがやや強い

◎“はい”の数が20個以上……ストレスが非常に強い

※20個以上の場合は、ストレス解消のための方策を講じていく必要があります。
まずは機会を設けて、選手の話を聞いてあげるようにしてください。

体調管理表

名前：＿＿＿＿＿＿＿＿

1．今月、生理はありましたか？　はい・いいえ

※「はい」の場合は2．へ、「いいえ」の場合は3．へ進んでください。

2．いつ頃ありましたか？　／　～　／

3．最後に生理があったのはいつですか？　／　～　／

4．生理痛はありますか？　はい・いいえ

5．生理中の気持ちはどうですか？（3択）　良い・変わらない・悪い

6．今月、気分の浮き沈みはありますか？　はい・いいえ

7．今日の体調を今日の日付の枠内に記入してください。

※体調は、とても良い：◎、良い：○、普通：—、少し悪い：△、悪い：×

1日：	2日：	3日：	4日：	5日：	6日：	7日：
8日：	9日：	10日：	11日：	12日：	13日：	14日：
15日：	16日：	17日：	18日：	19日：	20日：	21日：
22日：	23日：	24日：	25日：	26日：	27日：	28日：
29日：	30日：	31日：				

8．平熱を教えて下さい。　　度

9．今日の体温を記入してください。

1日： 度	2日： 度	3日： 度	4日： 度	5日： 度	6日： 度	7日： 度
8日： 度	9日： 度	10日： 度	11日： 度	12日： 度	13日： 度	14日： 度
15日： 度	16日： 度	17日： 度	18日： 度	19日： 度	20日： 度	21日： 度
22日： 度	23日： 度	24日： 度	25日： 度	26日： 度	27日： 度	28日： 度
29日： 度	30日： 度	31日： 度				

10. 体重を記入してください。

1日： kg	2日： kg	3日： kg	4日： kg	5日： kg	6日： kg	7日： kg
8日： kg	9日： kg	10日： kg	11日： kg	12日： kg	13日： kg	14日： kg
15日： kg	16日： kg	17日： kg	18日： kg	19日： kg	20日： kg	21日： kg
22日： kg	23日： kg	24日： kg	25日： kg	26日： kg	27日： kg	28日： kg
29日： kg	30日： kg	31日： kg				

■著者プロフィール

メンタルトレーナー **八ッ橋賀子**（やつはしのりこ）

1983年、神奈川県生まれ。

心理カウンセラー資格を取得、セラピスト資格を取得、アスリートフードマイスター資格を取得。千葉ロッテマリーンズのメンタルカウンセラー。日立製作所野球部のメンタルカウンセラーも務め、新宿区立創業支援センターの専門家としてメンタルトレーナーをしており、Baseball MAPSのメンタルトレーナーも務める。

水泳やテニスやトライアスロンの日本代表選手達のカウンセリングも担当しており、スイミングスクールの選手強化コースで女子選手の指導も行う。

メンタル面を主軸に身体や栄養の側面から総合的に選手を指導している。特に女性アスリートのメンタルカウンセリングやメンタルトレーニングにおいては、女性アスリート特有のメンタルの問題に力を入れている。教育委員会や体育会大学生の就職支援などでの講演なども実践している。

◉制作スタッフ

◎企画・編集：美研クリエイティブセンター（Bcc）
◎カバー・本文デザイン：里村万寿夫
◎カバー・本文イラスト：糸永浩之

女子選手のコーチング

2015年7月15日　初版第1刷発行

著　者　　八ッ橋賀子
発行人　　橋本雄一
発行所　　株式会社体育とスポーツ出版社
〒101-0054　東京都千代田区神田錦町1-13宝栄錦町ビル3F
ＴＥＬ　03-3291-0911（代表）
ＦＡＸ　03-3293-7750
http://www.taiiku-sports.co.jp
印刷所　　美研プリンティング株式会社

乱丁・落丁はお取り替えいたします。
定価はカバーに表示してあります。
ISBN978-4-88458-267-8　C3075
Printed in Japan